"应急安全通识"科普系列丛书

中小学生安全教育

科普百问

杜桂潭　主编

上海教育出版社
SHANGHAI EDUCATIONAL
PUBLISHING HOUSE

图书在版编目（CIP）数据

中小学生安全教育科普百问 / 杜桂潭主编. — 上海：
上海教育出版社，2022.1
ISBN 978-7-5720-1193-1

Ⅰ.①中… Ⅱ.①杜… Ⅲ.①安全教育－中小学－教
学参考资料 Ⅳ.①G634.203

中国版本图书馆CIP数据核字(2021)第256301号

责任编辑　周琛溢
封面设计　周　吉

中小学生安全教育科普百问
杜桂潭　主编

出版发行　上海教育出版社有限公司
官　　网　www.seph.com.cn
地　　址　上海市闵行区号景路159弄C座
邮　　编　201101
印　　刷　上海展强印刷有限公司
开　　本　700×1000　1/16　印张 9.5
字　　数　145 千字
版　　次　2022年1月第1版
印　　次　2022年1月第1次印刷
书　　号　ISBN 978-7-5720-1193-1/G·0936
定　　价　68.00 元

如发现质量问题，读者可向本社调换　电话：021-64373213

序

　　亲爱的同学们，在日常生活中，如果遇到交通事故、食物中毒、体育运动损伤、火灾、溺水、拥挤踩踏等突发安全事故，你是否能沉着冷静地应对？是否能在这些关键时刻，正确运用自身所掌握的知识，做一个消防安全的有心人、学校家庭安全的贴心人、公共安全的热心人？

　　本书共分为四章：第一章是应急安全求助电话、信号及标志，第二章是城市事故灾害应急安全常识，第三章是公共卫生事件应急安全常识，第四章是社会安全事件应急安全常识。每章的安全知识技能都以问答形式呈现，针对身边常见的应急安全情况提供应对方法，并配以思考题进行巩固和补充。各章节的要点内容问题均标以★，部分内容还提供了教学视频，旨在引起同学们的关注，帮助大家牢牢掌握。

　　"生命至上，安全第一。"希望本书能成为同学们随身携带的"安全工具箱"、老师们日常教学的参考资料，让大家了解、掌握城市生活的应急安全防范知识和技能。

编者

2021 年 11 月

目　　录

第一章

应急安全求助电话、信号及标志

第一节 应急安全求助电话、信号

★ 1. 如何拨打 110 报警电话？

报警时：倾听接线员的询问，作出正确简洁的回答，讲清报警求助的基本情况，提供自己所在的位置、姓名和联系方式等。

报警后：若无特殊情况，应在报警地等候；有案发现场的，要注意保护现场，不随意翻动；除营救伤员外，不让任何人进入。

报警电话 110

2. 何时可拨打 110 报警电话？

遇到刑事、治安案件或突遇的和个人无力解决的紧急危难需要求助的情况下，均可拨打 110。

如果记不住其他报警电话，也可拨打 110，但没事别乱打。

★ 3. 如何拨打 120 急救电话？

我国统一的急救电话是 120。

呼救时：报出自己的姓名和可联络电话；讲清意外发生的地点（交叉路口）或显著的标志物，以及患病、受伤人数；提供伤员情况，包括清醒程度、呼吸状况、脉搏情况、有无大出血等；问清救护车到达的大致时间，做好接车准备。

急救电话 120

呼救后：疏通搬运病人通道，安排人在住宅门口或交叉路口等候，引导救护车进出；准备好随病人带走的物品，如药品、衣物等；若是服药中毒的病人，切记带上可疑的药品。

★ 4. 如何拨打 119 火警电话？

遇到火灾、危险化学品泄漏等情况可拨打 119 报警。

报警时：准确报出火灾发生的地址（如路名、弄堂名、门牌号或附近的标志性建筑物等）、火势情况（什么东西着火、火势大小、是否有人被困、是否发生爆炸或毒气泄漏、着火的范围等）、报警人的姓名和联系方式等。

火警电话 119

报警后：疏通消防通道，安排人在住宅门口或交叉路口等候，引导消防车迅速赶到火灾现场；若火情发生变化，应立即告知消防队，以便及时调整。

5. 何时可拨打 119 火警电话？

未成年人可拨打 119 报警的情况如下：

（1）身处安全环境，发现火情时；

（2）被困火场，在避难间固守待援时；

（3）从火场逃生成功，到达安全地带后火灾尚未扑灭时。

6. 森林防火报警电话是什么号码？

森林防火报警电话是 12119。

森林防火报警电话 12119

一旦发现森林火情，要在第一时间拨打 12119，报告火灾发生的地点、火势等情况。

7. 公安短信报警电话是什么号码?

公安短信报警电话是 12110。使用人群或场合如下:

（1）无法使用电话报警的失聪或语言障碍人士;

（2）使用电话报警可能会受到侵害，如在公共汽车上发生了抢劫案，或在家里发现了盗窃嫌疑人;

（3）向公安机关提供一般线索，不需要警察现场处理，如举报手机短信诈骗等;

公安短信报警电话 12110

（4）向公安机关提意见或建议，不是在紧急情况下报警。

8. 火灾隐患举报投诉电话是什么号码?

火灾隐患举报投诉电话是 96119。

火灾隐患举报投诉电话 96119

在日常生活中，发现锁闭疏散通道、安全出口，挪用、损坏消防器材，占用消防车通道，在禁止烟火场所出现使用明火、乱扔烟头等消防安全违法行为和火灾安全隐患时，可拨打 96119 举报。

9. 国家安全机关受理公民和组织举报电话是什么号码？

国家安全机关受理公民和组织举报电话是 12339。

公民发现危害国家安全的行为时，应当直接或通过所在组织及时向国家安全机关或公安机关报告。

10. 环保举报热线是什么号码？

环保举报热线是 12369。

公民、法人或其他组织可通过拨打环保举报热线，向各级环境保护主管部门举报环境污染或生态破坏事项，请求环境保护主管部门依法处理。

11. 青少年心理咨询和法律援助热线是什么号码？

青少年心理咨询和法律援助热线是 12355。

这是共青团中央权益部设立的专门面向青少年提供服务的热线电话，可为青少年提供心理咨询服务和法律咨询援助。

12. 野外遇险求助信号有哪些？

野外遇险求助信号包括火光信号、浓烟信号、光线信号、旗语信号、声音信号、信息信号等。

火光信号：夜晚，点燃三堆火，将火堆摆成三角形，每堆火之间的间隔大致相等。

火光信号

浓烟信号：白天，在火堆中添加草、树叶、潮湿的树枝等，产生大量浓烟，发出信号。

浓烟信号

光线信号：使用手电筒或用镜子、金属罐盖反射太阳光等方法，每分钟闪照 6 次，停顿 1 分钟，重复同样的信号。

光线信号

旗语信号：将一面旗子或一块色彩鲜艳的布料系在木棒上，持棒运动时，在左侧长划，在右侧短划，加大动作的幅度，做"8"字形运动。

旗语信号

声音信号：可以采取大声喊叫、吹哨子或猛击脸盆、金属器件等方法发出声响。呼喊敲打求救的方式是：三声短，三声长，再三声短，间隔1分钟后重复。

声音信号

信息信号：用树枝、石块或衣物等在空地上堆出"SOS""HELP"或其他求救字样，每个字至少长6米。

信息信号

★ **13. 火光信号和浓烟信号的使用注意点是什么？**

发出火光信号和浓烟信号时，必须在空旷的场地。不能在森林中，也不能在易燃物周围，以防发生火灾，造成次生安全隐患。

★ **14. 光线信号的使用注意点是什么？**

应注意镜子能反光、聚光，不要照射到眼睛。红外线笔发射的红外线会伤害眼睛，不能当作玩具，更不能照射到眼睛。

思　考　题

一、判断题

1. 不能随便拨打 110、119、120 这些紧急电话。（　　　）

参考答案：正确

二、单选题

1. 使用光线信号应注意不要照射人眼。（　　　）

A. 正确

B. 错误

参考答案：A

2. 下列说法错误的是（　　　）。

A. 森林火灾的报警电话是 12119

B. 12355 是青少年心理咨询和法律援助热线

C. 12369 是国家安全机关受理公民和组织举报电话

D. 我国统一的急救号码是 120

参考答案：C

三、多选题

1. 拨打 110 报警电话时应（　　　）。

A. 简要说明情况

B. 接通电话，先确认是否为 110 报警电话

C. 说清自己的姓名和联系电话

D. 注意隐蔽，不让歹徒发现

参考答案：ABCD

2. 拨打 120 急救电话后应（　　　）。

A. 疏通搬运病人通道

B. 准备好随病人带走的物品，如药品、衣物等

C. 若是服药中毒的病人，要把可疑的药品带上

D. 安排人在住宅门口或交叉路口等候，引导救护车进出

参考答案：ABCD

第二节　主要安全标志

★ 15. 红、蓝、黄、绿安全色各自传递什么信息？

　　红色，传递禁止、停止、危险或提示消防设备、设施的信息。

　　蓝色，传递必须遵守规定的指令性信息。

　　黄色，传递注意、警告的信息。

　　绿色，传递安全的提示性信息。

★ 16. 安全标志可分为哪几类？

　　安全标志可分为警告标志、禁止标志、指令标志、消防设施标志、提示标志（安全状况标志）。

警告标志　　　　　　禁止标志　　　　　　指令标志

消防设施标志　　　　　提示标志

17. 常见的警告标志主要有哪些？

注意行人　　　　　　注意儿童　　　　　　注意牲畜

渡口

注意野生动物

注意信号灯

施工

易滑

有人看守铁路道口

环形交叉路口

向右急弯路

向左急弯路

注意危险

事故易发路段

注意残疾人

当心易燃物

当心爆炸物

当心氧化物

当心夹手

用身体阻止关门危险

当心碰头

当心夹住衣物

当心夹住软底鞋

18. 常见的禁止标志主要有哪些?

禁止通行

禁止行人通行

禁止向左转弯

禁止直行和向左转弯

禁止骑自行车下坡

禁止向右转弯

禁止非机动车通行

禁止车辆临时或长时停放

禁止车辆长时停放

禁止吸烟

禁止放易燃物

禁止明火作业

禁止用水灭火

禁止放鞭炮

禁止烟火

禁止携带托运易燃及
易爆物品

禁止用坚硬物品按按钮

禁止火灾时使用电梯

禁止地震时使用电梯

禁止入内

禁止撞击

禁止扒门

禁止玩耍

禁止倚靠电梯门

禁止行走或奔跑

禁止玩耍

禁止在出入口附近停留

禁止倚靠扶梯

禁止将头和肢体伸到扶手带外

19. 常见的指令标志主要有哪些?

单行路(向左或向右)

单行路(直行)

步行

人行横道

必须拉住小孩

必须握住扶手带

20. 常见的消防设施标志主要有哪些?

灭火器

消防水带

地上消防栓

地下消防栓

消防水泵接合器

火警情报按钮

消防手动启动器

火警电话

21. 常见的提示标志主要有哪些?

紧急电话

收费站

加油站

紧急停车带

疏散方向

击碎面板

滑动开门

安全出口

请陪同儿童乘电梯　　请伴随行动不便　　进入方向　　请迈步进入
　　　　　　　　　　人员乘电梯

请站在警示线内　　请伴随行动不便
　　　　　　　　人员乘电梯

22. 应急避难场所标志主要有哪些?

民防工程指示牌

  应急避难场所 Emergency Shelter　　 应急指挥 Emergency Command　　 应急供电 Emergency Power Supply

 应急通信 Emergency Communication　　 应急篷宿区 Area For Makeshift Tents　　 应急水井 Emergency Drinking Well

  应急灭火器 Emergency Fire Extinguisher　　 应急供水 Emergency Water Supply　　 应急停车场 Emergency Parking Area

 应急物资供应 Emergency Goods Supply　　 应急停机坪 Emergency Helicopter Pad　　 应急医疗救护 Emergency Medical Treatment

 应急厕所 Emergency Toilets

应急避难场所标志

思 考 题

一、判断题

1. 使用安全标志的目的是提醒人们注意不安全的因素，防止事故的发生，起到保障安全的作用。（　　）

参考答案：正确。

二、单选题

1. 下列不设置在易发生火灾爆炸场所的警告标志是（　　）。

A. 　　B. 　　C.

参考答案：C

2. 下列常设置在中小学校门口附近的是（　　）。

A. 　　B. 　　C. 　　D.

参考答案：D

三、多选题

1. 一般消防安全标志的安全色有（　　）。

A. 红色　　B. 绿色　　C. 黄色　　D. 蓝色

参考答案：ABC

2. 在紧急疏散逃生过程中，需要用到的标志是(　　　　)。

A. 　　　　B. 　　　　C.

D. 　　　　E.

参考答案：ADE

第二章

城市事故灾害应急安全常识

第一节　居家安全

★ 23. 独自在家有哪些注意事项?

（1）不玩火柴和打火机，不玩燃气灶和液化气钢瓶。

不应在厨房玩耍

（2）不靠近窗户、阳台或楼梯护栏，不在飘窗上玩耍，避免从高处坠落。

防高空坠落

（3）不给陌生人开门。

不给陌生人开门

★ **24. 被异物噎住了如何自救？**

将上腹部抵压在椅背、桌沿、走廊栏杆等坚硬的平面上，连续向内、向上冲击，重复操作若干次，直到把气道内的异物清除为止。

一只手攥拳置于肚脐上方，另一只手也攥拳。靠在椅子背部或柜台边沿，同时向上用力。

扫码观看教学视频

被异物噎住的自救

25. 吃鱼时，不小心鱼刺卡喉了怎么办？

（1）立刻停止进食，并大声咳嗽。

（2）如果鱼刺未咳出，应尽快到医院就诊。不建议使用喝醋、吞饭团、吞馒头、吞菜等方法。

26. 如何预防燃气泄漏？

（1）请家长经常检查燃气管道的密封性和完整性，具体做法是在管道接口、经常弯折的地方涂上肥皂水，然后打开燃气阀，观察是否有漏气现象。

（2）用完后随手关闭灶具阀。管道天然气停气时一定要关闭阀门。

（3）使用燃气时不离开，以免液体溢出浇灭火焰导致天然气泄漏或容器烧干，从而引发火灾等事故。

（4）使用燃气时注意保持通风。

注意通风

（5）及时更换老化胶管，一般橡胶输气管半年到一年就要换一次，金属材质的可适当延长更换周期。

（6）灶具不安装在卧室里。

（7）使用燃气的过程中，一旦出现头晕、头痛、乏力、恶心等情况，马上开窗通风，关闭燃气阀门，及时就医。

27. 如何处置燃气泄漏？

（1）打开所有门窗，降低燃气浓度。

（2）关闭燃气阀门，不要开关电灯和电器。

（3）到室外拨打 119 报警。

28. 如何救治燃气中毒者？

（1）把中毒者移至空气流通处，解开其衣扣，使其呼吸顺畅。

（2）注意卧床、保暖。

（3）到室外拨打急救电话。

（4）要注意使丧失意识的中毒者保持气道开放，必要时进行人工呼吸，对呼吸、心跳骤停的中毒者应立即实施心肺复苏。

救治燃气中毒者

29. 如何抢救触电者？

（1）立即拉下电源开关或拔掉电源插头，使触电者脱离电源，或用干燥的竹竿、木棒等绝缘物挑开电线，帮助触电者迅速脱离电源。

（2）将触电者迅速移至通风干燥处仰卧，放松其上衣和裤带，观察触电者有无呼吸，摸一摸其颈动脉有无搏动。

抢救触电者

（3）若触电者呼吸及心跳均停止，应在做人工呼吸的同时实施心肺复苏，同时指派人员拨打 120 呼叫救护车，等待过程中绝对不能停止施救。

★ 30. 建筑物室内火灾的应对原则和应对步骤是什么？

应对原则：躲火避烟。未成年人没有参与火灾扑救的义务。

应对步骤：示警→做出应对决策（是逃生还是固守）→与人会合并报警。

★ 31. 火灾预防和逃生中随手关门起什么作用？

只要房门不是镂空的，不是普通玻璃的装饰门或塑料门，关门可防止火灾产生的高温有毒的气体进入房间。

大多数居民楼火灾发生在夜间，所以平时睡觉时应养成关房间门、卧室门的习惯，延缓火灾的发展，减少伤亡。

在逃生过程中，随手关闭身后的房门及楼道的防火门，可起到封堵火和热的作用。

★ **32. 发现火情，首先要做什么？**

　　在现场发现火情，首先要做的是示警，应大喊"着火了，着火了……"，及时报告给现场受火灾威胁的人，并快速撤离前往安全区域。

　　身处安全的环境时发现火情，应马上拨打消防电话119，也可以通知物业。

扫码观看教学视频

示警

★ **33. 遇到火灾，哪些情况下要逃？怎么逃？**

　　（1）火情发生在身边时，一般地上层往下跑，地下层往上跑。

　　（2）大楼外保温层或装饰物起火时，要尽快撤离大楼。

　　（3）身处着火后可能垮塌的木板房、铁皮活动房或很容易被火、烟、热所波及的环境时，要选择逃生。

　　（4）逃生口诀是：直立或弯腰或低姿爬行，看标志，摸墙，逃出火海。

　　（5）在逃生过程中应注意：

　　1）逃生时不要坐电梯，要走疏散通道；

　　2）逃生时随手关闭身后的房门和楼梯间的门；

　　3）通过不同烟气层高度的通道时，为了避开烟气，应采用直立或弯腰或低姿爬行的不同姿势；

4）低姿爬行的动作要领是：上半身下压，头部压低，口鼻靠地，眼睛最好看着膝盖，手肘手掌平贴地面，手掌在头的前方；

火场逃生低姿爬行姿势图

扫码观看教学视频

5）沿着疏散指示标识的指示方向逃生；

6）沿着墙壁走，用手背碰触墙壁，判断所处位置；

7）如果烟气高度太低或越来越热，应立即返回，在安全地方固守，等待救援。

★ 34. 房间外发生火灾怎么办？

家中起火，要早发现早跑。楼梯间起火，坚决不跑。

一旦听到广播或室外的火灾警告声，知道所处大楼其他房间发生火灾，应先摸门察看，根据逃生通道上烟、热的情况，以及自身房门的情况，再决定是立刻逃生还是固守待援。

如果无烟或烟少，出门后关上门，通过楼道逃生，进楼梯间后，关闭楼梯间防火门。

如果门缝处已有烟飘入，或通过摸门察看，知道楼道被烟、热封堵，而所处房屋适合做避难间，则应立即关上门，封堵门缝，拨打 119 报警求救。

★ **35. 摸门察看怎么做？**

　　手触摸门板上方，手背触碰门把，如果不烫手，则用脚抵住门，人在门板后，开门缝，侧脸观察；如果没有明显压力，上方门缝无烟，则开大门缝，观察楼道烟气高度位置情况。

　　根据逃生路线被烟、热封堵的情况决定是立刻逃生还是固守待援。

摸门察看步骤

★ **36. 固守待援怎么做？**

　　先关紧迎火的门窗，再打开背火的门窗呼救。

固守待援步骤

扫码观看教学视频

★ **37. 什么样的房间可作为固守待援时的避难间?**

（1）房门能挡住热和烟，镂空的或塑胶材质、普通玻璃门等则不行。

（2）有对外可开启的窗户，窗户面积大，能容身通过，开窗后可让进入房间的烟飘散出去，也便于呼救和被救。

（3）房屋结构完好，隔间为非易燃材料，不易倒塌，烟、热不易从窗口进入。

（4）阳台不能作为避难间，只可作为逃到相邻的安全房间的通道。

★ **38. 身上着火时怎么办?**

停：立刻停在原地。

倒：双手捂在脸上，就地趴下，手臂并拢，尽量缩在胸口。

滚：左右翻滚，直到火熄灭。注意两腿并拢伸直，使腿内侧火势熄灭。

如果现场有其他人，未着火的人要保持镇定，立即用随手可拿到的衣物、麻袋等物品盖在着火者身上，协助其打滚灭火，或帮助着火者脱下衣服。

身上起火处置要领

★ 39. 避震原则是什么？

避震原则是：先躲后撤。震时就地躲避，震后迅速撤离。

地震平息后，快速有序地撤离到安全地带，避开通道掉落的物品，切不可慌乱拥挤，避免踩踏事故发生。

避震原则

★ 40. 地震发生时的自我保护避震姿势是什么？

地震发生时要做的动作是：跪下，掩护，稳住。

尽量蜷曲身体，降低身体重心，抓紧固定物体，保护头部、眼睛，掩住口鼻，利用身边的枕头、坐垫等软物盖住头颈部。

★ 41. 地震发生时在室内怎么办？

（1）立即躲进卫生间、厨房和储藏室等狭小空间，也可就近躲避在承重墙内墙根、墙角或坚固稳定的桌子下面，做好避震姿势。

（2）如室外有开阔空间，多层建筑的一楼、二楼和平房内的人在没有坠落物掉落的危险时，可迅速跑到室外。

（3）远离外墙、门窗和阳台，远离不结实的砖砌隔离墙。

（4）避开窗户、镜子，防止天花板坠物。

（5）如果发生地震时正躺在床上，那就保持不动，将身体蜷缩，用手臂或枕头保护头颈部。

★ 42. 地震发生时被困在建筑物里怎么办？

被困在建筑物里时，不要四处移动扬起灰尘。手机有信号，就用手机求救；手机没信号，就律动式地敲打水管、墙壁或吹哨子。

律动式敲打的技巧是：敲三下，停一下，再敲三下，再停一下。

思 考 题

一、判断题

1. 火灾应对原则是躲火避烟。要想如何求生，不能只想如何逃生。（　　　）

参考答案：正确

二、单选题

1. 火场逃生时，正确的行进姿势是（　　　）。

A. 直立行进

B. 在 1.4 米的高度下弯腰行进

C. 匍匐行进

D. 根据烟气层的不同高度，分别采取直立、弯腰、低姿爬行

参考答案：D

2. 放学回家，在家门口发现有人正在盗窃，最正确的做法是（　　　）。

A. 大喊大叫

B. 悄悄离开，打 110 报警

C. 叫小伙伴帮忙，进屋抓小偷

参考答案：B

三、多选题

1. 某学生晚上在寝室里使用电吹风时中途断电，遂将电吹风放在床铺上，忘了拔掉插头。后来，电吹风引燃床褥，引发火灾。最先发现火灾的室友出去打水救火未成功，其他同学虽躲至阳台，但仍受不住火场高热，最终跳楼身亡。我们从中可吸取的经验教训是（　　　）。

A. 注意用电安全，用时不离人，用毕须断电关闭，睡前断电关门

B. 火灾在身边发生，第一时间应该报警、逃生

C. 灭火要做好灭火不成功后撤离的准备，可以灭不了，但一定要逃得了

D. 选择合适的避难场所，阳台一般不适合固守待援

参考答案：ABCD

2. 下列哪些行为具有危险性?（　　　）

A. 84 消毒液和洁厕剂混合使用，用于清洁洁具

B. 厨房里炉灶燃烧时，在旁边倒面粉

C. 油锅起火时，用水灭火

D. 将没有解冻的鱼、肉等食物直接放到高温的油锅里烧

E. 燃气泄漏时，在室内立即用手机报修并求助

F. 儿童在厨房间玩耍

G. 鱼刺卡喉时，大口吞饭

参考答案：ABCDEFG

延 伸 阅 读

2019 年 12 月 18 日，上海金山朱泾镇 9 岁男孩麻文博在自家发生火灾时叫醒父亲，一边逃一边叫醒邻居。逃下楼后，他在马路上拦车叫大人打 119 报警，最终金山区消防救援支队成功灭火，救出了 18 人，麻文博被《人民日报》称为"消防小英雄"。当记者采访他时，他说："这些都是我在学校安全课上学过的知识。"这个故事充分证明了安全科普教育要从娃娃抓起。

第二节 校园生活安全

43. 全国中小学生安全教育日是哪一天?

自 1996 年起,我国确定每年 3 月份最后一周的星期一为"全国中小学生安全教育日"。如 2021 年 3 月 29 日是第 26 个全国中小学生安全教育日。

全国中小学生安全教育日海报

★ 44. 校园安全有哪些注意事项?

(1)防磕碰:不把学校公共设施当成游乐设施,不玩危险游戏。

(2)防挤压:门、窗等缝隙会"咬人",尤其是开关时容易压到,所以不要将手指、脚等身体部位放到缝隙处。

(3)防坠落:无论是否处于高层,都不要将身体探出窗外或护栏外,更不能爬到高处玩耍。

（4）防意外伤害：不要挥舞尖锐的三角尺等文具，不模仿危险动作。

（5）防触电：不要用湿手、湿布触摸或擦拭通电的电源开关、电器外壳，若发现损坏的电线、灯头、插座，要及时报告老师。

（6）防火灾：不玩火，人走关门断电，注意实验室安全。

45. 学校里上下楼梯有哪些注意事项？

（1）上下楼梯时一律靠右行。

（2）不滑楼梯扶手。

（3）不勾肩搭背、推推搡搡、追逐打闹。

（4）不多人并排齐步走。

（5）在集体上下楼梯时，不得擅自停下来系鞋带、拾东西等。

上下楼梯注意安全

46. 学校课间活动有哪些注意事项？

（1）不在走廊和教室中奔跑打闹。

（2）活动时当心扭伤、碰伤。

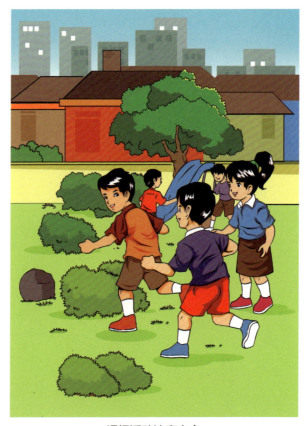

课间活动注意安全

★ **47. 如何预防校园欺凌事件发生?**

（1）不主动与同学发生冲突，一旦发生，及时找老师和家长解决。

（2）穿戴用品尽量低调，不要过于招摇。

（3）多交"益友"，不交"损友"。

★ **48. 遇到校园暴力时怎么办?**

（1）人身安全永远是第一位的，不要去激怒对方。

（2）沉着冷静，顺着对方的话说，从言语中找出可插入的话题，缓解气氛，分散对方的注意力，同时获取信任，为自己争取时间。

（3）必要时向周围的人呼救求助，用异常动作引起他人注意。

（4）把自己的遭遇及时告知老师、家人。

（5）不要做校园暴力事件的围观者、旁观者。

遇到校园暴力沉着冷静

★ **49. 受到欺凌后如何应对？**

（1）被欺凌后应及时告知家长、老师。

（2）知道受到欺凌不是自己的错。

（3）寻求同伴的理解和帮助。

（4）从欺凌事件中走出来，思考未来如何避免：

1）和家长、同伴一起上下学；

2）尽量避开人流稀少、容易遭到欺凌的区域；

3）多参加社会活动，发现自己的闪光点。

50. 如何防范和应对性侵？

（1）保护自己的隐私部位，内衣裤覆盖的地方不让人碰。

（2）不要走僻静、人少的地方。

（3）遇到陌生人问路或求助时，可以指路，但不要带路。

（4）不要理会陌生人的纠缠。

（5）不要和异性单独处于密闭空间超过 15 分钟。

（6）一旦受到性侵，用非常肯定的语气大声说"不要碰我！"，然后迅速离开，尽快报警或将事情告诉家长、老师。

思 考 题

一、判断题

1. 任何时候都不能把楼梯扶手当滑梯玩耍，不能在楼梯上与人推推搡搡。（　　）

参考答案：正确

二、单选题

1. 遇到被敲诈、勒索，事后的正确做法是（　　）。

A. 以牙还牙，以暴制暴

B. 忍气吞声，自认倒霉

C. 想办法凑钱给他们，花钱买平安

D. 向警察和路人求助，告诉老师、家长或拨打110报警

参考答案：D

2. 放学路上，如果被陌生人跟踪，最好的办法是（　　）。

A. 与陌生人对峙

B. 赶快跑回家

C. 打110报警

参考答案：C

三、多选题

1. 下列哪些行为具有危险性？（　　）

A. 在学校内的偏僻角落玩火

B. 课间活动时，挥舞尖锐的文具用品玩耍打闹

C. 将身体探出窗外或护栏外

D. 用湿抹布擦拭通电的教具电器

参考答案：ABCD

2. 下列想法、行为正确的是（　　　）。

A. 被人性侵是自己的错

B. 性侵的责任在于性侵者

C. 保护自己的隐私部位

D. 受到性侵后，告知家长、老师

参考答案：BCD

第三节　道路交通安全

★ **51. 走路时有哪些注意事项？**

（1）在道路上行走时要走人行道，没有人行道时靠路边行走。

（2）过马路或通过路口时要走斑马线或天桥、地道等过街设施，遵守信号灯，看清左右来往车辆，确认安全后再过马路。

过马路走人行横道

（3）不跨越道路隔离栏。

（4）结伴外出时不要相互追逐、打闹、嬉戏。

（5）行走时要专心，注意周围情况，不要东张西望，不要边走边看手机或做其他事情。

（6）看清过往的机动车辆和非机动车辆。

（7）不要从车前或车后横穿道路，要选择有红绿灯的地方过马路。

（8）遇到交通事故时不要在周围看热闹。

52. 冬季上下学有哪些注意事项？

（1）遇到雨雪、冰冻、大雾等恶劣天气时要提早出家门，留出等车、堵车或发生其他意外情况所需的时间。

（2）在道路上行走时要注意身边和身后的车辆。

（3）冬季昼短夜长，上下学路上尽量选择有路灯的路线或自带手电筒。

（4）避开路面浮冰和积水，穿防滑鞋，缓步慢行。

★ 53. 骑自行车有哪些注意事项？

（1）12周岁以下不得骑自行车。

（2）驾驶电动自行车和残疾人机动轮椅车必须年满16周岁，未满16周岁不能骑电动车上路。

（3）骑车前要检查车况，比如前后刹车装置、车铃是否灵敏等。

（4）骑大小合适的车，不要骑儿童玩具车或过大的车型上街。

（5）在非机动车道靠右骑行，不可逆行，不在马路中间骑车。

（6）遵守信号灯，转弯时不抢行猛拐，要提前减慢速度，看清四周情况，用明确的手势示意后再转弯。

（7）骑车时不要双手脱把，不要与人并骑、互相攀扶、追逐打闹。

（8）骑车时不攀扶机动车辆。

（9）骑车不带人，不载过重的东西。

（10）骑车时不戴耳机，不听音频，不看视频。

骑车时不打闹

54. 在雨雪、大雾天骑自行车有哪些注意事项？

（1）自行车轮胎不要充气太足，以防滑倒。

（2）集中精力，骑车慢行，与行人、车辆保持安全距离。

（3）尽量穿颜色鲜艳的外套，引起司机的注意。

（4）过路口时下车，推车过马路。

（5）选择雪层浅的平坦路面，不要急刹车、急拐弯。

（6）骑车时不单手握把撑伞。

骑车时不能单手握把撑伞

55. 道路结冰时如何行走？

（1）外出穿上防滑鞋，做好保暖措施，耳朵、手、脚等容易冻伤的部位尽量不裸露在外。

（2）在人行道上行走，远离车行道。

（3）遇到结冰的地方慢行，以防滑倒。

（4）走路时用手臂保持身体平衡，不要双手插在口袋里。

（5）学习企鹅走路，即放慢脚步，两脚分开至与肩膀同样宽度，摇摆着小步走，这样能够把身体重心保持在前腿上，以防摔倒。

（6）不要在结冰的河面、路面上玩耍、溜冰。

冰雪天防摔走路姿势

56. 乘坐公交车有哪些注意事项？

（1）等车停稳后有序上下车。

（2）不携带汽油、爆竹等易燃易爆物品和锐利的物品乘车。

（3）注意坐姿和站姿，不打闹，不起哄，不随意走动。

（4）不得将身体任何部位伸出窗外。

（5）不吃东西，不喝饮料，以防紧急刹车时咬到舌头或食物误入呼吸道造成窒息。

（6）不要随意按车上的任何按钮。

（7）避免高声喧哗，不做破坏性行为，不得分散司机的注意力。

坐车不打闹

57. 乘坐小汽车有哪些注意事项？

（1）4周岁以下儿童必须使用儿童安全座椅，12周岁以下儿童不得坐在任何类型汽车的副驾驶位置。

（2）一定要系好安全带。

（3）上车之后关好车门。

（4）不要向外乱丢垃圾。

（5）不能把头和手、胳膊伸出窗外。

（6）下车时采用"荷氏开门法"，不要突然打开车门，要看清后方没有车辆或行人通过。

（7）一定要从右侧车门上下车，不要在道路中间上下车。

58. 正确开小汽车门下车的技巧是什么？

用离车门最远的那只手开门（左舵车用右手，右舵车用左手），便于观察车门附近的情况。

下车开门的正确方式

59. 地铁站台或车厢有哪些位置标识?

报警定位标识: 这是一串以"GD""GA"开头、后跟 6 位数字的特殊编码, 在每座车站的出入口、柱子、座椅、墙面等显著位置。报警人只需就近寻找这串编码, 报给接警员, 处警民警即可迅速确认位置。

报警定位标识

屏蔽门编号: 位于站台上列车停靠时屏蔽门的正上方或屏蔽门上。此外, 往同一方向站台的屏蔽门编号也有关联, 在某个数字编号的屏蔽门上车后, 可提前告知同伴在下一站对应相同数字的屏蔽门处等候, 便于会合。

屏蔽门编号

　　悬挂式导向：上海地铁车站内标识显示的文字导向中，表示进站方向的为白色字体，表示出站方向的为黄色字体。目前，上海市地铁悬挂式导向多为醒目的 LED 灯箱，导向内容包括线路编号、出入口编号，均使用阿拉伯数字。

悬挂式导向

　　地面标识：换乘站通道内的地面上贴有箭头或通过投影仪投射出彩色箭头标志，含有地铁线路名称、特有颜色等简单要素，箭头颜色与地铁线路颜色相对应。

地面标识

出入口编号：该编号具有唯一性，在地铁站内外均有明显标识。

出入口编号

车厢号：位于车厢内两车厢连接处上端，一般为数字编码（上海地铁为6位数字编码），且有"车厢号"字样。通常张贴在对讲装置上方，便于乘客报警使用。

车厢号

其他：信息量最大、定位最为准确的是地铁站内的全网图、站层图、街区图及轨道交通地图，有助于乘客了解整个车站的空间结构和布局以及车站附近的标志性建筑、城市地图。这些信息多位于站厅层。导向标识中此类标识的信息量最大，每条街、每条路都标识得很清楚。

如果出站后迷失方向，地铁站外还有街区示意图，针对出入口附近的标志性建筑、街区地图进行标注。

60. 乘坐地铁有哪些注意事项？

（1）在安全线内有序候车。

（2）不倚靠屏蔽门、安全门或安全护栏。

（3）切勿在站台上嬉闹、追打。

（4）列车停稳开门后先下后上。

（5）当车门灯闪烁，蜂鸣器响起时，不要再强行上下车，阻碍车门关闭。

（6）车门开启或关闭时，注意身体与车门保持一定距离。

（7）当发现列车运行异常时，可使用车厢紧急呼叫装置联系司机，或拨打 64370000 服务热线告知异常情况。

（8）车厢内不得饮食饮水。

（9）使用电子设备时不能外放声音。

（10）不得擅动紧急停止手柄。

思 考 题

一、判断题

1. 行走时注意周围情况，不要东张西望，不要边走边看手机或做其他事情。（   ）

参考答案：正确

二、单选题

1. 马路上交警的指挥和信号灯不一致，以谁为准？（   ）

A. 现场交警

B. 信号灯

参考答案：A

2. 下列说法正确的是（   ）。

A. 未满 13 岁的儿童不要骑车上街

B. 可以在马路上学骑自行车

C. 不可以骑儿童玩具车上街，但人小可骑大型车

D. 乘坐公交车时不吃东西或喝饮料

参考答案：D

三、多选题

1. 老奶奶过马路时绿灯已经变红灯了，她该怎么办？（   ）

A. 有安全岛的待在安全岛

B. 没有安全岛的赶紧过完马路

C. 听交警指挥

D. 站在原地不动

参考答案：ABC

2. 下列骑车时的行为哪些是不安全行为?（　　　）

A. 双手脱把

B. 经过交叉路口时减速慢行

C. 戴耳机听广播

D. 多人并骑, 互相攀扶, 追逐打闹

参考答案: ACD

第四节 公共场所安全

★ **61. 在公共场所有哪些注意事项？**

（1）进入公共场所前，一定要先了解安全出口、安全通道和消防器材的准确位置，留意疏散通道的封堵情况。

（2）进入公共场所应先仔细阅读有关规定，并严格按章活动。

（3）不随意玩火，禁止携带火种，发现火灾要及时报告或报警。

（4）不随意触摸公共场所的消防警报、电源开关等设施设备。

（5）尽量避免同时涌向一个场所或景点，以免因通行不畅造成踩踏事故。

（6）不围观，不到人多的地方凑热闹。

★ **62. 人群拥挤时如何自我保护？**

（1）左手握拳，右手握住左手手腕，双肘与肩平行。

（2）稍微弯下腰，双肘在胸前形成牢固而稳定的三角保护区，低姿前进。

拥挤人群中的自我保护动作

★ **63. 踩踏倒地时自我保护动作的要领是什么?**

（1）两手十指交叉相扣,护住后脑和颈部。

（2）两肘向前,护住双侧太阳穴。

（3）双膝尽量前屈,保护胸腔和腹腔的重要脏器。

（4）侧躺在地。

倒地的自我保护动作

64. 如何防走失?

（1）熟记家庭住址和父母联系电话,与父母一起演练。

（2）拒绝陌生人的饮料、糖果、礼物和搂抱等,不跟陌生人走。

（3）学会正确认识方向。

65. 在公共场所走失时怎么办?

（1）站在原地不动,不要坐下或蹲着,以免太隐蔽,父母找不到。

（2）在商场、超市、游乐园等公共场所走失,可找警察、服务台广播或借打手机通知父母,但不要跟陌生人走。

定身儿歌

走丢了,不害怕,
站在原地等妈妈。
别人走,他不走,
好像中了定身法。
定身法,不害怕,
终于等来好妈妈。

走失应对儿歌

66. 乘坐电梯有哪些注意事项？

（1）不要在轿厢内乱蹦，以防电梯缆绳发生故障。

（2）不要拍打已经闭合的轿厢门，防止门突然打开，手被夹进缝隙。

（3）万一手被夹进轿厢门缝，不要慌张，千万不要按开门或关门键，防止轿门拖拽手掌，可以使劲往外推轿厢门，在推门的瞬间把手轻轻拿出。

★ 67. 遇到电梯意外骤降怎么办？

（1）当发现电梯突然下坠时，电梯内如果有把手，一定要抓紧，保持自身重心平稳，避免因冲撞而摔倒受伤。

（2）如果电梯内还有空间，迅速将双手撑开贴住电梯墙面，背部和头部成一条线，紧贴电梯内墙，膝盖弯曲，脚跟抬起，这种姿势通过利用韧带，可起到缓冲的作用。

（3）不要在下坠的过程中依次按楼层键，或试图掰开电梯门。

★ 68. 遇到电梯意外急停怎么办？

（1）电梯轿厢不是密闭空间，不会让人窒息，不要在轿厢内大喊大叫，不要乱蹦。

（2）如果电梯内手机信号较弱，可以尝试发短信。

（3）不要试图撬开电梯门或通过电梯天花板逃走。

（4）如果担心没人知道你在电梯里，尝试用鞋猛击电梯门，也可使用钥匙或其他金属物体制造尖锐的敲打声。

★ 69. 如何正确搭乘自动扶梯？

（1）看清自动扶梯运行方向再搭乘。

（2）搭乘前系紧鞋带，留心长裙等松散、拖曳的服饰，避免将鞋子或衣物触及扶梯玻璃或缝隙处。

（3）不在自动扶梯出入口两端范围内驻留。

（4）踏入自动扶梯时，注意双脚离开梯级边缘，站在梯级踏板黄色安全警示边框内，不踩在两个梯级的交界处。

（5）紧握扶手，面向前方站稳，不在乘梯时低头看手机、报刊等。

（6）身体的各部位不要伸出扶梯外面。

（7）不在自动扶梯上逆行、攀爬、玩耍、奔跑或争抢。

（8）离开自动扶梯时，顺梯级运动之势抬脚迅速迈出，跨过梳齿板，落脚于前沿板上。

 禁止头和肢体
伸到扶手带外
Do not lean over handrail

 禁止运输笨重物品
Do not carry heavy goods

 禁止使用手推车
Push chair not permitted

 禁止玩耍
No playing

 必须拉住小孩
Young children shall be held firmly

 必须握住扶手带
Use the handrail

 必须抱着宠物
Pets shall be carried

 请站在警示线内
Keep feet within yellow lines

 当心夹住软底鞋
Pay attention when wearing soft shoes

 当心夹住衣物
Pay attention when wearing long dress

自动扶梯乘坐安全须知

70. 搭乘自动扶梯时遇到突发状况怎么办？

（1）衣物被夹时，应立即将被夹物与身体分离，大声呼救，提醒他人马上按下紧急停止按钮。

（2）自动扶梯突然停运时，扶梯上的人应紧握扶手，保持身体平衡，待自动扶梯完全停止后，再有序撤离。

（3）不慎摔倒时，两手十指交叉相扣，护住后脑和颈部，两肘向前，护住双侧太阳穴，再设法站起，紧握扶手。

（4）他人在自动扶梯上摔倒并殃及自身时，应立即一只手握紧扶手，尽量保持身体平衡，另一只手可挡护在身前，如在自动扶梯口，可立即按下紧急停止按钮，终止扶梯运行。

71. 游动物园有哪些注意事项？

（1）不翻越栅栏，不要脸贴、手扶隔离网，要和隔离网保持距离，以免被动物抓伤、咬伤。

（2）在与动物近距离接触的景点，不要逗动物玩，也不要拿吃的东西喂动物，以免被动物误伤。

（3）参观猛兽区时，一定要按规定坐在车内观看，不要将头、手伸出车窗，更不可下车。

72. 如何防范高压触电？

（1）不靠近高压电线，不在附近玩耍。

（2）如果高压电线在跳跃和冒火花，至少与电线保持9米距离，在潮湿的环境中至少保持18米距离。

（3）身处灾难现场，感觉自己的腿和下半身刺痛，则说明在漏电区域，应采用单脚跳的方式远离。

（4）如果电线掉在你乘坐的车上，应当先留在车上，直到通知安全后才出来。

不在高压线塔下玩耍

73. 如何防止在户外遭到雷击？

（1）不要站在大树下，不要用手摸、扶大树。

（2）在空旷地不要拨打和接听电话，关闭手机。

（3）在空旷地不要使自己成为尖端，尽量降低自身高度。

（4）在山区时，要迅速离开山顶或高的地方，找一个低洼处，双脚并拢蹲下。

（5）在山洞内避雨时，不要触及洞壁岩石。

（6）不要在水边和洼地停留，切勿站在楼顶、山顶或接近其他易导电的物体，应迅速到干燥的室内避雨，或就近到山间、山岩下避雨。

尽量降低自身高度

思 考 题

一、判断题

1. 进入公共场所前，一定要先了解安全出口、安全通道和消防器材的准确位置，留意疏散通道的封堵情况。(   )

参考答案：正确

二、单选题

1. 在游乐场，你只顾看队伍游行，和妈妈走散了，这时你该怎么办？(   )

A. 惊慌哭泣

B. 擅自走开

C. 待在原地，请附近的工作人员帮忙找妈妈

参考答案：C

2. 下列行为正确的是(   )。

A. 在拥挤的人群中，当发现自己前面有人突然摔倒了，马上停下脚步，同时大声呼救，告知后面的人不要向前靠近

B. 发现鞋带松了，立即蹲下系鞋带

C. 在自动扶梯上奔跑

参考答案：A

三、多选题

1. 图中的哪些行为是不安全行为？(   )

A. 将身体伸出扶梯外面

B. 没有紧握扶手

C. 面朝后与人交谈

D. 乘坐自动扶梯时看书

E. 大人拉住孩子一起乘坐自动扶梯

参考答案：ABCD

2. 为防止人多拥挤被踩踏，应做到（　　）。

A. 不因好奇到人多拥挤处围观

B. 在人群中随意蹲下系鞋带

C. 在人群中顺着人流走，尽量走在人流的边缘

D. 发觉拥挤的人群向自己的方向走来时，应立即避到一旁

E. 在人群中走动，遇到台阶或楼梯时应尽量抓住扶手

F. 若不幸被人群挤倒，要设法靠近墙角，做倒地保护姿势

参考答案：ACDEF

第五节　溺水

★ 74. 如何防溺水？

（1）疲劳、饥饿、饱食、身体不适或剧烈运动后都不要游泳。

（2）雷雨天气不要游泳。

（3）游泳前要了解水情，做好热身，如果水温低，要逐渐适应后再下水。

（4）游泳时间不要过长，以免引起疲劳。

（5）游泳时如果出现头晕、心慌、气短、无力等不适感时，要立即上岸休息或高声呼救招手示意。

（6）远离野外危险水域，不要在河边、湖边、池塘以及水库附近追逐打闹，以免失足落水。

（7）不要在未冻结实的冰面上行走或滑冰。

（8）一旦溺水，千万不要惊慌失措，应大声呼救和设法自救。

★ 75. 同伴溺水时如何他救？

（1）若遇到同伴溺水，应大声呼救，让附近的大人帮忙，同时拨打110、120。

呼救原则

（2）寻找身边的漂浮物抛向溺水者，如救生圈、木板等。

（3）将竹竿、树枝等递给溺水者，也可把衣服打成绳结抛给溺水者，提醒救人者要趴在地上降低重心，以免被拉入水中。

（4）未成年人不具备直接救人的能力，严禁下水或手拉手救援。

★ **76. 溺水了不熟悉水性如何自救？**

（1）在身体下沉之前，拼命吸一口气，下沉时要憋住气。

（2）头后仰，口向上，尽量使口鼻露出水面呼吸。

（3）不将手上举或挣扎，以免身体下沉。

（4）只要头一露出水面，就要呼吸新鲜空气并寻找漂浮物，找到漂浮物后一定要牢牢抓住。

仰躺自救

77. 在水中抽筋了怎么办？

手指抽筋：将手握成拳头，然后用力张开，再迅速握拳，如此反复数次，直至解脱为止。

手掌抽筋：用另一只手掌将抽筋手掌用力压向背侧，并做震颤动作。

手臂抽筋：将手握成拳头并尽量曲肘，然后再用力伸开，如此反复数次。

小腿或脚趾抽筋：用抽筋小腿对侧的手，握住抽筋腿的脚趾，在用力向上拉的同时，用同侧的手掌压在抽筋小腿的膝盖上，帮助小腿伸直。

握住脚趾
用力上拉

下压膝盖
帮助伸直

水中脚趾抽筋应对方法

上腹部肌肉抽筋：可掐中脘穴（脐上四寸），配合掐足三里穴，还可仰卧水里，把双腿向腹壁弯收，再伸直，重复几次。

抽过筋后：改用其他游泳姿势游回岸边。如果不得不使用同一游泳姿势，就要提防再次抽筋。

78. 水草缠身怎么办？

（1）要镇静，切不可踩水或手脚乱动，否则会使肢体被缠难以解脱，甚至越陷越深。

（2）以两腿伸直、用手掌倒划水的仰泳方式顺原路慢慢退回，也可平卧水面，使两腿分开，用手解脱。

79. 身陷漩涡怎么办？

（1）漩涡处一般常有垃圾、树叶、杂物打转，注意提早发现，避免接近。

（2）若已接近漩涡，切勿踩水，因漩涡边缘处吸引力较弱，不容易卷入面积较大的物体，所以应立刻平卧水面，然后憋气，以顺时针方向游过，一游过漩涡边缘马上加速，此时应采用自由泳，切忌直立踩水或潜入水中。

思 考 题

一、判断题

1. 不要在未冻结实的冰面上行走或滑冰。(　　　)

参考答案：正确

二、单选题

1. 下列说法正确的是(　　　)。

A. 会游泳就不会溺水

B. 遇到同伴溺水，不能手拉手施救

C. 只要溺水不超过 1 小时就能救活

参考答案：B

2. 不会游泳的人溺水了，怎么办？(　　　)

A. 张嘴大声呼救

B. 身体下沉前吸气屏气，放松身体，头后仰，口向上，使口鼻露出水面呼吸

C. 将手上举或挣扎、拍水，以免身体下沉

D. 看见有人施救，牢牢抓住来人

参考答案：B

三、多选题

1. 要预防溺水，须做到(　　　)。

A. 吃饱后去游泳

B. 雷雨天不游泳

C. 游泳前做好热身

D. 在结实的冰面上行走或滑冰

E. 不在河边、湖边、池塘以及水库附近追逐打闹

F. 有伙伴溺水了，和其他伙伴手拉手去救

参考答案：BCE

2. 同伴溺水了，正确的救助方法是（　　　）。

A. 大声呼救，让附近的大人帮忙，同时拨打 110

B. 寻找身边的漂浮物抛向溺水者

C. 将竹竿、树枝等递给溺水者

D. 救人上岸后用"控水法"救溺水者

E. 几个人手拉手救援

参考答案：ABC

第三章

公共卫生事件应急安全常识

第一节　传染病的预防

★ **80. 如何防范传染病？**

（1）关心政府部门正规渠道发布的相关新闻信息，及时了解传染病的症状特点等相关情况。

（2）对照传染病的症状自我检查，发现情况尽快自我隔离，就医诊断治疗。

（3）接种相应的疫苗。

（4）生活有规律，合理安排休息时间，注意不要过度疲劳。

（5）进行合理的体育锻炼，增强抵抗疾病的能力。

（6）定时开窗通风，尽量少去空气不流通、人多拥挤的场所。

（7）注意个人卫生，养成良好的卫生习惯，如不用脏手揉眼睛、不挖鼻孔、饭前便后洗手、不喝生水、不吃不洁净的食物等，把好"病从口入"关。

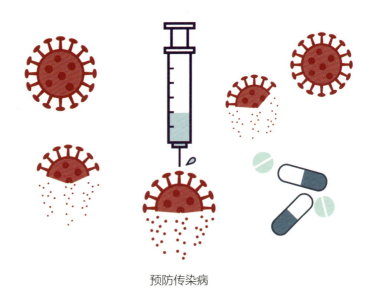

预防传染病

81. 日常生活中如何做到健康饮食？

（1）一日三餐吃好、吃饱。

（2）买零食要去正规的商店或超市，不买路边摊食物。

（3）购买食品时要认真查看生产厂家、生产日期、保质期，不吃"三无"产品。

（4）做到"六不吃"：不吃生冷食物、不吃不洁瓜果、不吃腐败变质食物、不吃未经高温处理的饭菜、不喝生水、不吃垃圾零食。

健康饮食

82. 哪些情况下需要洗手？

入校或回家后、外出归来后、接触垃圾后、擤鼻涕后、打喷嚏用手遮掩口鼻后、使用体育器材和电脑等公用物品后、触碰高频次接触公共物品后、接触可疑污染物品后、去医院或接触病人后、就餐前、眼保健操前、触摸眼口鼻等部位前、便前便后、玩耍前后……

83. 什么是七步洗手法？

使用流动水，使双手充分浸湿，将适量肥皂或皂液均匀涂抹至整个手掌、手背、手指和指缝，认真揉搓双手，整个揉搓过程为 15—20 秒。

洗手七字诀：正、反、夹、弓、大、立、腕。具体揉搓步骤如下图所示。

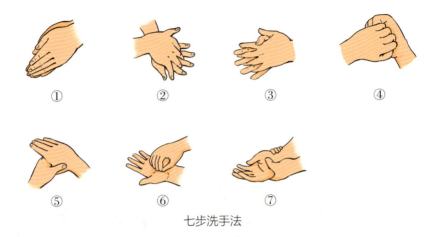

七步洗手法

84. 口罩有哪些种类？

口罩有很多种，比如工业用、医用等。目前我们常见的口罩主要有四类：

（1）普通脱脂纱布口罩；

（2）一次性医用口罩；

（3）一次性医用外科口罩，分为外层阻水、中层过滤、内层吸湿三层；

（4）一次性医用防护口罩，通常执行美国 N95、中国 KN95、欧洲 FFP2、日本 DS2 等标准，不仅满足对非油性颗粒物至少 95% 过滤效率的要求，还具有阻隔血液或传染性体液喷溅的能力，更适合医务人员临床使用。

85. 如何正确佩戴一次性医用口罩？

（1）面向口罩无鼻夹的一面（口罩内层），两手各拉住一边耳带，使鼻夹位于口罩上方。

（2）将双手指尖放在鼻夹顶部，一边向内按压，一边向两侧移动，塑造出鼻梁形状。

（3）整理口罩下端，使口罩与面部贴合。

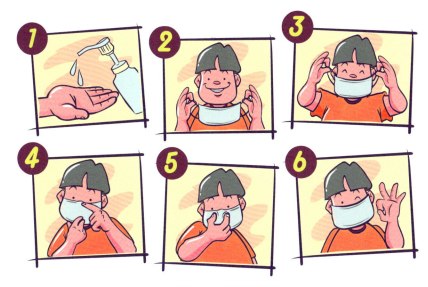

正确佩戴一次性医用口罩

86. 如何正确摘脱口罩？

（1）不要接触口罩外表面（污染面），不要接触口罩内表面。

（2）若口罩为系带式，先解开下面的系带，再解开上面的系带。

（3）若口罩为挂耳式，请直接从耳际取下。

（4）摘掉口罩后应洗手。

87. 如何丢弃使用过的口罩？

（1）普通人使用的一次性口罩，可喷上消毒液或医用酒精密封后再扔掉，也可将污染面朝内折叠，单独放在塑料袋里，投放到专用的废弃口罩垃圾桶或"干垃圾"桶。

（2）疑似病例或确诊病例使用的口罩，应视作医疗废弃物，严格按照医疗废弃物有关流程处理，不可随意丢弃。

（3）丢弃口罩后应立刻洗手。

88. 口罩使用还有哪些注意事项？

（1）注意医用口罩的有效期，一般医用外科口罩的有效期是3年，医用防护口罩的有效期是5年。

（2）使用医用防护口罩或医用外科口罩时不要用一只手捏鼻夹，防止口罩鼻夹处形成死角漏气，应用双手指尖调整鼻夹。

（3）医用口罩只能一次性使用，不能重复使用，如果口罩内侧湿了或被污染了，要及时更换，建议每4小时更换一次口罩。

（4）学生上学无须佩戴N95口罩或其他密封性极好的专业口罩。

（5）在通风良好的空旷场地活动，或和家人一起活动时，可以不用佩戴口罩。

（6）在室外进行剧烈运动，如跑步、跳绳、骑行时，可以不用佩戴口罩，集体跑步时请保持一定间距。

（7）如果不得不去人多密集的地方，一定要佩戴口罩，尽量选择缓和的运动，比如走路。

89. 咳嗽和打喷嚏礼仪是什么？

（1）咳嗽和打喷嚏时，尽量避开人群，用纸巾捂住口鼻，避免用双手遮盖口鼻。

（2）如果临时找不到纸巾，可弯曲手肘遮盖口鼻。

（3）使用过的纸巾要丢到垃圾桶里。

（4）咳嗽或打喷嚏后要立即清洗双手，或使用免洗消毒液对手进行消毒。

90. 什么是新冠肺炎？

新冠肺炎是由新型冠状病毒引起的肺部炎症改变，是一种急性呼吸道传染病，会引起临床上一系列的症状，比如发热、乏力、干咳、呼吸困难、气短、休克、多脏器功能衰竭。

★ **91. 新冠肺炎疫情期间有哪些自我保护措施?**

（1）保持手卫生，不要揉搓身体部位，避免用手直接触摸眼口鼻，同时注意身处通风良好的环境。

（2）保持安全社交距离，不面对面坐，不交头接耳。

（3）正确佩戴口罩。

（4）宅家期间作息有规律，健康饮食，坚持锻炼身体，提高自身免疫力。

（5）随身携带餐巾纸、消毒湿巾或手消毒液等物品备用。

（6）不随地吐痰，咳嗽、打喷嚏时用纸巾或肘弯遮住口鼻。

（7）不高声喧哗，避免唾沫横飞。

思 考 题

一、判断题

1. 为便于室内清洁消毒，应在家囤积酒精、消毒液，反正这些东西时间再长也不会过期。（　　）

参考答案：错误

二、单选题

1. 新冠肺炎是以（　　）传播为主的传染病。

A. 消化道

B. 呼吸道

C. 皮肤接触

参考答案：B

2. 浓度为（　　）的酒精消毒效果最好。

A. 60%

B. 75%

C. 99%

参考答案：B

三、多选题

1. 预防新冠肺炎，如果要在家中进行消毒，可选（　　）。

A. 浓度为 75% 的酒精

B. 含氯消毒剂（如 84 消毒液）

C. 白酒

参考答案：AB

2. 流感流行的季节, 下列做法错误的是 (　　　)。

A. 少去公共场所, 锻炼身体, 提高抵抗力

B. 自己吃感冒药预防

C. 外出戴好口罩, 在家时关好门窗

D. 为提高药效, 几种感冒药混吃、多吃

E. 注意个人卫生, 加强体育锻炼

F. 接种流感疫苗

参考答案: BCD

第二节 动物伤害的防范与应对

★ **92. 如何防范被狗咬？**

（1）在室外或路上遇到不熟悉的狗，不要与它玩耍。

（2）如果是狗先靠过来，最好保持不动，让狗闻闻味道，并轻声对它说话，然后慢慢离开。

（3）被狗追赶时，不要奔跑，刻意做出弯腰在地上拾取东西的动作，不要盯着狗看。

93. 被猫、狗咬伤怎么办？

（1）戴双层橡胶手套对伤口进行处置。

（2）立即用肥皂水或清水冲洗伤口至少 15 分钟，挤压伤口，排出污血。

（3）不包扎伤口，立即到疾控中心注射狂犬病疫苗和破伤风抗毒素。

94. 被蛇咬了怎么办？

（1）立即用柔软的绳子或乳胶管，在伤口上方超过一个关节的位置结扎，不用扎太紧，间隔 30 分钟放松 3—5 分钟，避免影响血液循环，造成组织坏死。

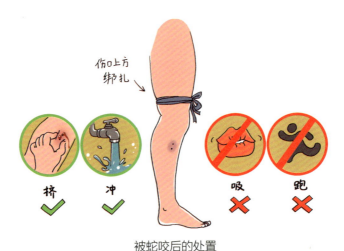

被蛇咬后的处置

（2）挤压伤口周边组织，尽量多地挤出毒液和血液，不可用嘴吸，避免引起二次中毒。

（3）用利器切开伤口，用清水冲洗。

（4）不要奔跑或运动，延缓毒素的扩散，通过冷敷减慢血液循环速度。

（5）记住蛇的体征，立即就医。

95. 被蜂虫类蜇伤后怎么办？

（1）用温水、肥皂水或盐水、糖水清洗伤口，如果户外没有水，也可用新鲜的尿清洗伤口。

（2）发现伤口处有残留的蜇刺应立即拔出。

（3）可在伤口处涂抹万花油、红花油或绿药膏等，也可将生姜或大蒜等捣烂、嚼烂涂在伤口处。

（4）出现头疼、头昏、恶心、呕吐、烦躁、发烧等症状时，应立即就医。

96. 遇到蜂群袭击怎么办？

遇到蜂群袭击时，应尽快用衣物包裹住暴露在外的身体部位，尤其是头、脸及颈部，切勿反复扑打野蜂。

身处平缓地形，可选择快步奔跑，摆脱蜂群。

身处危险地形，则应选择原地蹲下或趴下，静止不动。

遇到蜂群袭击应对方法

97. 被虫咬后有哪些注意事项？

（1）如果被虫子咬了不能立刻打死虫子，应该把它吹走。

（2）若被蜱虫咬了，不要用镊子等工具将其除去，也不能用手指将其捏碎，应到医院取出。

（3）一般被蜱虫叮咬数天后身体才会有反应，如果出现剧烈头痛、呼吸困难、身体麻痹、心悸，应立即就医。

思 考 题

一、判断题

1. 只有狗才携带狂犬病毒，其他动物都是安全的。（ ）

参考答案：错误

二、单选题

1. 被猫和狗咬伤后，下列防止狂犬病的措施中哪种是无效的？（ ）

A. 用大量清水或肥皂水彻底冲洗伤口和伤口周围皮肤

B. 注射抗生素

C. 注射狂犬病疫苗

D. 用碘酒对伤口进行消毒

参考答案：B

2. 被猫、狗等动物咬伤后应（ ）。

A. 不用处理

B. 立即用肥皂水或清水彻底冲洗伤口 15 分钟，并就近到狂犬病免疫预防门诊就医

C. 在伤口上涂抹酒精即可

参考答案：B

三、多选题

1. 下列和小猫小狗相处时恰当的应对措施是（ ）。

A. 一旦被猫狗咬伤、抓伤后，立即用肥皂水清洗伤口并接种狂犬病疫苗

B. 接触宠物的粪便、尿液时，最好戴上专门的手套和口罩

C. 和宠物嬉戏后，应先认真洗手再接触眼口鼻

参考答案：ABC

2. 下列说法正确的是（　　）。

A. 猫、蝙蝠等温血动物都可能携带狂犬病毒

B. 被狗咬了应立即打针，超过 24 小时打针就没效了

C. 只要打一次狂犬病疫苗就可预防狂犬病

D. 在毒蛇出没处附近能找到解该蛇毒的东西

E. 一旦被蜱虫叮咬，不可用手强拔

F. 外出游玩时，可在暴露的皮肤上喷涂罗浮山百草油或驱蚊液，尽量避免在野外长时间坐卧。注意做好个人防护，穿紧口、浅色、光滑的长袖衣服，以防被虫咬

参考答案：ADEF

第三节　运动损伤的紧急救治

★ **98. 如何避免运动损伤？**

（1）选择适龄的运动项目，不同的运动项目对年龄是有要求的。

（2）选择在正规的、有急救条件和资质的地方运动。

（3）遵守运动规则，在游戏、运动时应时刻牢记规则。

（4）用好运动防护用具，重视和正确使用运动防护设备，如头盔、护膝护腕、救生衣等。

（5）正式运动前做好热身。

（6）掌握好运动强度，一次运动时间不要超过 1 小时，间隔 10 分钟休息后再运动。

掌握好运动强度

99. 如何做好热身运动？

热身可以打开肌肉，疏通筋骨，让身体各器官做好准备，减少运动过程中出现抽筋、扭伤的概率。

热身必须与接下来的运动项目相关。如果运动项目是锻炼上肢的，那对核心肌群、胸肌和手臂都有所调动的俯卧撑或引体向上无疑是比慢跑更好的热身项目；慢跑则适合接下来要训练的快速跑、弹跳力以及腿部肌群的热身。热身运动属于轻量型运动，适度即可，不必追求大运动量。热身运动的方法和步骤如下：

（1）左右跳，左右跳就是双脚同时左右跳跃，可有效地放松脚踝、小腿、大腿等部位的肌肉；

（2）高抬腿，标准的高抬腿动作需要在保持上身挺直状态的前提下，将腿抬升至水平位置，这是一项简单的有氧运动，亦是常见的热身方式之一；

（3）开腿跳，开腿跳是较好的热身运动方式，跳起后双腿展开，双臂从两边上扬至头顶上方击掌，落下时双腿双臂恢复，类似于广播体操里的跳跃运动，能够起到全身肌肉热身和活动关节的作用；

（4）空手跳绳，想象手中有绳子，然后跳绳锻炼，但是跳的高度比跳绳高一些，毕竟我们的目的是让身体尽快活跃起来，手臂要同时随着跳跃摆动；

（5）力量热身，虽然以上动作可以让我们的肌肉和关节初步活动开，但在正式运动前，我们仍然应该做一些力量热身，这些力量热身动作就是我们即将开始运动的动作。

100. 扭伤了怎么办？

（1）扭伤24小时之内，用冰袋冷敷受伤部位，减轻疼痛和肿胀。

（2）扭伤72小时之后，热敷受伤部位，促进血液循环。

（3）受伤部位在关节处，应该用弹性绷带进行包扎，并抬高。

（4）避免活动受伤部位，以减轻疼痛。

（5）情况严重时须立刻就医。

101. 骨折后如何急救处理？

（1）在现场环境安全的情况下，尽量不移动伤员，可不作处理，等待专业医务人员到来。

（2）尽快到医院检查，由专业人员进行处理。

（3）一般应将骨折肢体在原位固定。

（4）固定时，骨折处与夹板之间要有衬垫，以减轻疼痛，避免进一步损伤。

（5）将木片或折叠起来的报纸、杂志制成夹板，放在受伤部位的下面或侧面，如果超过两个关节，用三角巾、绷带或领带固定夹板和伤处，结打在夹板和伤处之间的空隙上，露出远端指（趾），便于观察末梢循环，将伤肢曲肘 75°。

102. 流鼻血了怎么办？

（1）不要慌张，尽量放松，做慢而深的呼吸。

（2）头稍向前倾。

（3）血液流到口腔时要吐出来，不要咽下。

（4）用拇指或食指压迫单侧鼻翼与鼻唇沟相交端点处止血，用嘴呼吸。

（5）用凉的毛巾或冰袋敷在前额鼻根部。

（6）流血不止时应立刻就医。

（7）若鼻子经常出血，要及时到医院检查。

流鼻血应对方法

★ 103. 动脉出血了怎么办？

用干净的纱布垫或布（棉）垫直接按压在伤口上。如果没有干净的布垫，也可用洗净的双手按压伤口的两侧，持续按压，力度适中（以刚好不出血为宜）。在按压无法止住的情况下可上止血带，而不是用手指按动脉上方，不要时紧时松。

当伤口内有较大的异物时，不要盲目地将异物取出或清除。

另外，应尽快送医救治。

104. 动脉止血有哪些注意事项?

（1）止血前洗净双手，并戴上手套，以免受到感染。

（2）记录绑止血带的时间，应每隔半小时放松止血带半分钟左右，在放松止血带的同时，应压住伤口，以免大量出血。

（3）不要把已经移位的器官移回原位。

105. 包扎止血的位置有哪些?

（1）上肢较高位置出血时，止血带放在上臂上部。

（2）前臂出血时，止血带放在上臂下部。

（3）下肢较高位置出血时，止血带放在大腿上部。

（4）小腿出血时，止血带放在大腿下部。

106. 如何用指压法止血?

（1）用手指压迫出血的血管上部（近心端），用力压向骨头。

（2）指压法止血适用于头部、颈部和四肢外伤出血，是临时止血的措施。

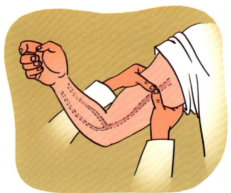

指压法止血

107. 如何用止血带止血?

（1）常用的止血带是长1米左右的橡皮管。

（2）掌心向上，止血带一端由虎口拿住，留出5寸。

（3）一手拉紧，绕肢体缠一圈半。

（4）中、食两指将止血带末端夹住，顺着肢体用力拉下，压住余头，以免滑脱。

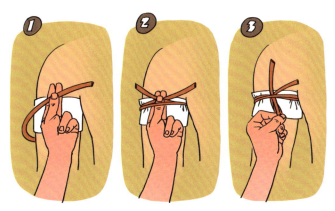

止血带法止血

108. 使用止血带有哪些注意事项？

（1）垫上垫子，不直接扎在皮肤上。

（2）扎在伤口上方，禁止扎在上臂中段。

（3）松紧适宜，脉搏停跳且指甲盖不变色，橡皮带变色足够。

（4）加上红色标记，注明上止血带的时间。

（5）每隔一小时放松止血带一次，每次放松不超过 3 分钟，并用指压法代替止血。

止血带法止血

109. 什么是自动体外除颤器（AED）？

自动体外除颤器又称自动体外电击器、自动电击器、自动除颤器、心脏除颤器及傻瓜电击器等，是一种便携式的医疗设备，可以诊断特定的心律失常，并给予电击除颤，是可被非专业人员使用的用于抢救心源性猝死患者的医疗设备。

110. 自动体外除颤器（AED）的操作步骤是什么？

（1）开启 AED，打开 AED 的盖子，依据图像和声音的提示操作（有些型号需要先按下电源）。

（2）为患者贴电极板，在患者胸部适当的位置紧密地贴上电极，通常而言，两块电极板分别贴在右胸上部和左胸左乳头外侧，具体位置可参考 AED 机壳上的图样和电极板上的图片说明。

（3）将电极板插头插入 AED 主机插孔。

（4）若一次除颤后未恢复有效灌注心律，再进行 5 个周期心肺复苏，然后 AED 再次分析心律，除颤，直至急救人员到来。

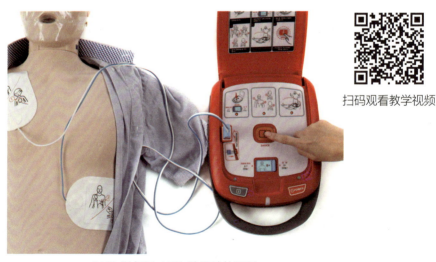

扫码观看教学视频

AED 设备及 AED 贴极片位置图

111. 有人晕厥了怎么办?

（1）当有人出现面色苍白、神志不清和出冷汗等症状时，应立即让病人呈蹲位，或扶住他。

（2）将病人放至平卧姿势，头低一些，松开其衣领、腰带和衣扣等紧身衣物。

（3）用手指按压人中、百会、涌泉和内关等穴位，促使病人苏醒。

（4）在病人苏醒并恢复意识后，让其饮用少量水或茶。

（5）若是不明原因引起的晕厥，应立即拨打 120 送往医院。

思 考 题

一、判断题

1. 对于较浅的擦伤，只要涂抹碘伏等消毒剂即可。（　　　）

参考答案：正确

二、单选题

1. 包扎止血不能用的物品是（　　　）。

A. 绷带

B. 毛巾

C. 领带

D. 麻绳

参考答案：D

2. 骨折现场急救正确的是（　　　）。

A. 骨折应初步复位后再临时固定

B. 对骨端外露者应先复位后固定，以免继续感染

C. 一般应将骨折肢体在原位固定

参考答案：C

三、多选题

1. 心肺复苏法的操作步骤是（　　　）。

A. 评估现场环境安全，做好自身防护

B. 检查患者反应和呼吸

C. 判断是否有颈动脉搏动

D. 呼救

E. 松解衣领及裤带

F. 胸外心脏按压

G. 开放气道

H. 人工呼吸

I. 持续 2 分钟的高效率的 CPR

参考答案：ABCDEFGHI

2. 下列说法正确的是（　　）。

A. 到正规的有急救条件和资质的地方运动

B. 血液颜色为鲜红色，呈喷射状涌出的为动脉出血。先用指压法或止血带法止血，然后立刻送医院

C. 流鼻血了应立即仰头止血

D. 热身运动是做剧烈运动前的准备运动，所以不是每次运动前都要热身

E. 脚扭伤了应立即热敷或按摩，以缓解疼痛

参考答案：AB

第四节　心理健康

112. 如何正确认识挫折？

（1）知道挫折有其必然性和偶然性。

（2）分析挫折产生的原因，寻求解决问题的方法，以改变自身的不良个性。

★ 113. 如何提高抗挫力？

（1）照顾好身体，保持睡眠充足，充分锻炼，饮食均衡，作息有规律。

（2）热爱生活。

（3）锻炼意志力。

（4）树立正确的世界观、人生观和价值观，重建目标系统。

（5）做好成败两手准备，有了"最坏"的准备，就等于增强了心理承受能力。

（6）培养兴趣爱好，调节好情绪，如通过阅读、写作、书法、美术、音乐、舞蹈、体育锻炼等方式，使情绪得以调适。

（7）多与他人联系，花时间和家人、朋友在一起，保持健康的精神状态，接受家人、朋友的帮助。

通过锻炼提高抗挫力

114. 如何战胜挫折?

（1）学会自我解嘲,调整心态。

（2）多交朋友,向他人倾诉遭受挫折后的心情及今后打算,改变内心的压抑状态,寻求同伴的帮助。

（3）向心理老师咨询。

（4）拨打心理咨询热线电话 12355,到心理健康辅导中心寻求帮助。

115. 他人遇到挫折时该怎么做?

（1）注意身边同学的异常表现,及时报告给家长和老师。

（2）陪伴并安慰同学,开展同伴互助。

116. 如何拥有自信?

（1）对自己进行正确评价。

（2）提出适当的奋斗目标。

（3）找到自己的榜样。

（4）相信自己的选择。

（5）耐心等待。

117. 如何管理自己的情绪?

（1）平时注意健康饮食,规律作息,保持良好状态。

（2）树立正确的世界观、人生观和价值观。

（3）学会用辩证思维看待问题、解决问题。

（4）有问题及时与老师、家长沟通,寻求帮助。

（5）遇事先深呼吸,沉默几秒钟,不要过度兴奋和悲伤。

118. 疫情期间的恐慌焦虑情绪有哪些表现?

（1）对疫情十分担忧、害怕,过分担心自己及家人的身体状况,一出现身体不舒服,就与疫情联系起来。

（2）担心延期开学、网络教学可能影响正常学业。

（3）白天过于紧张，无心学习，晚上又会觉得虚度时光，产生负罪感。

119. 如何克服疫情期间的恐慌焦虑情绪？

（1）通过学习，对传染病的暴发、传播、预防形成科学的认识。

（2）通过正规平台、媒体获取有关疫情的消息，理性看待非官方渠道的各类信息，不轻信、不传播，切实做到不信谣、不传谣。

（3）增强防范意识，遵守防控措施，树立战胜新冠疫情、恢复社会秩序的坚定信心。

（4）必要时可和同学、家长、老师沟通交流，寻求帮助。

思 考 题

一、判断题

1. 看过心理医生的人都是精神病患者。(　　)

参考答案：错误

二、单选题

1. 下列说法正确的是(　　)。

A. 只有得到别人的夸奖认可，才能有自信

B. 只有自信的人才能做事

C. 每个人都是特别的，都有自己独一无二的特点和优势

参考答案：C

2. 下列关于挫折的说法错误的是(　　)。

A. 挫折有其必然性和偶然性

B. 挫折会给人带来痛苦和压力

C. 我们可以从挫折中获得经验和教训

D. 遇到挫折时向他人倾诉，寻求同伴的帮助，就不是抗挫力强的人

参考答案：D

三、多选题

1. 抗挫力强的人会有下列哪些表现？(　　)

A. 会很快平复心情

B. 遇到挫折时不会乱发脾气

C. 有坚持的行为，不会放弃

D. 不认为挫折会给人带来痛苦和压力

参考答案：ABC

2. 如何战胜挫折？（   ）

A. 一遇到挫折就乱发脾气宣泄

B. 学会自我解嘲，调整心态

C. 多交朋友，寻求同伴的帮助

D. 向心理老师咨询

参考答案：BCD

第五节　知识产权

★ **120. 什么是知识产权？**

知识产权是人们对自己的智力活动创造的成果和经营活动中的标记、信誉依法享有的权利。传统意义上的知识产权包括著作权（含邻接权）、专利权、商标权。

121. 什么是著作权？

著作权是指作者对其作品依法享有的专有权利。或者说，著作权是指作者及其他著作权人对文学、艺术、科学作品所享有的人身权利和财产权利的总称。

122. 著作权包括哪些内容？

著作权包括著作人身权和著作财产权两方面内容。

123. 著作人身权包括哪些内容？

著作人身权包括发表权、署名权、修改权、保护作品完整权。

124. 著作财产权包括哪些内容？

著作财产权包括复制权、发行权、展览权、表演权、播放权、制片权、演绎权（改编权、翻译权、注释权、整理权、编辑权）。

★ **125. 合理使用享有著作权的作品必须具备哪些条件？**

（1）使用的作品已经发表。

（2）使用的目的仅限于个人学习、研究或欣赏，或出于教学、科学研究、宗教或慈善事业以及公共文化利益的需要。

（3）使用他人作品时不得侵犯著作权人的其他权利，并且必须注明作者姓名、作品名称。

★ **126. 属于著作权法合理使用情况中的"对他人作品适当引用"的**
   具体含义是什么？

   （1）引用目的仅限于介绍、评论某一作品或说明某一问题。

   （2）引用部分不能构成引用人作品的主要部分或实质部分。

   （3）不得损害被引用作品著作权人的利益。

127. 什么是专利权？

专利权简称专利，是发明创造人或其权利受让人对特定的发明创造在一定期限内依法享有的独占实施权，是知识产权的一种。

128. 专利权的性质主要体现在哪些方面？

专利权的性质主要体现在排他性、时间性和地域性三个方面。

129. 什么是专利权的客体？

专利权的客体，也称为专利法保护的对象，是指依法应授予专利权的发明创造。根据我国专利法第二条的规定，专利权的客体包括发明、实用新型和外观设计三种。

130. 专利权的申请原则有哪些？

首先是形式法定原则，指申请专利的各种手续都应当以书面形式或国家知识产权局专利局规定的其他形式办理。以口头、电话、实物等非书面形式办理的各种手续，或以电报、电传、传真、胶片等直接或间接产生印刷、打字或手写文件的通信手段办理的各种手续均视为未提出，不产生法律效力。

其次是单一性原则，指一件专利申请只能限于一项发明创造。但是属于一个总的发明构思的两项以上的发明或实用新型，可以作为一件申请提出；用于同一类别并且成套出售或使用的产品的两项以上的外观设计，可以作为一件申请提出。

再次是先申请原则，指两个或两个以上申请人分别就同样的发明创造申请专利的，专利权授予最先申请的人。

最后是优先权原则，指申请人就其发明创造第一次在某国提出专利申请后，在法定期限内，又就相同主题的发明创造提出专利申请的，根据有关法律规定，以其第一次申请专利的日期作为其申请日。专利优先权的目的在于，排除在其他国家抄袭此专利者有抢先提出申请、取得注册之可能。

131. 我国何时成为世界知识产权组织（WIPO）的正式成员国？

我国于 1980 年 6 月 3 日加入 WIPO，成为其第 90 个成员国。

132. 什么是世界知识产权日？

世界知识产权组织于 2001 年 4 月 26 日设立世界知识产权日，并决定从 2001 年起将每年的 4 月 26 日定为"世界知识产权日"（World Intellectual Property Day），目的是在世界范围内树立尊重知识、崇尚科学和保护知识产权的意识，营造鼓励知识创新、保护知识产权的法律环境。

思 考 题

一、判断题

1. 世界知识产权日是每年的 4 月 26 日。(   )

参考答案：正确

二、单选题

1. 下列说法正确的是(   )。

A. 我国现行专利法中所称的发明创造是指发明、实用新型和外观设计

B. 使用享有著作权的作品时，使用的目的仅限于个人学习

C. 学生考试作文可以享有著作权

D. 以上均是

参考答案：D

2. 合理使用享有著作权的作品须具备的条件是(   )。

A. 使用的作品已经发表

B. 使用的目的仅限于个人学习、研究或欣赏，或出于教学、科学研究、宗教或慈善事业以及公共文化利益的需要

C. 使用他人作品时不得侵犯著作权人的其他权利

D. 以上均是

参考答案：D

三、多选题

1. 专利权的性质体现在(   )。

A. 排他性

B. 地域性

C. 时间性

D. 独有性

参考答案：ABC

2. 下列说法正确的是（　　　）。

A. 著作权包括著作人身权和著作财产权。

B. 可适当引用他人享有著作权的作品，但引用的内容不能构成自己作品的主要部分或实质部分

C. 我国于 1981 年 6 月 3 日成为世界知识产权组织（WIPO）的正式成员国

D. 甲比乙早一周完成了一个相同的发明，但乙比甲早一天提出了专利申请，若此发明符合授予专利的条件，应将专利授予乙。

参考答案：ABD

第六节　网络安全

133. 什么是网络安全？

　　网络安全包括网络基础设施、网络运行、网络服务、信息安全等方面，是保障和促进信息社会健康发展的基础。

　　如今我们面临网络基础设施安全隐患和网络犯罪等威胁。

　　维护网络安全必须践行"没有网络安全就没有国家安全，没有信息化就没有现代化"的理念，强化依法治网、技术创新、国际合作等，树立网络空间主权意识。

★ 134. 如何安全使用社交软件？

　　（1）谨慎对待网络交友，注意区分网络与现实的区别，避免过分沉迷于网络。

　　（2）不要在不信任的网站上留下任何个人真实信息（包括姓名、年龄、住址及就读学校、班级等），或把这些信息透露给其他网友。

　　（3）在网络活动中应守法自律，学会分辨网络上散播的有害的、不实的信息，不要受不良言论和信息的误导，不要参与有害和无用信息的制作和传播。

　　（4）在不了解对方的情况下应尽量避免和网友直接会面或参与各种联谊活动，以免被不法分子"钻空子"，危及自身安全。

　　（5）在家长的帮助和指导下进行网络购物或交易，事先对商品信息或交易情况进行核实，不轻易向对方付款或提供银行卡密码，警惕网络诈骗。

　　（6）不要相信软件中附带的赚钱工具、方式或渠道，如玩游戏赚钱、做任务提现等。

　　（7）合理控制手机、平板等电子产品的使用时间。

135. 玩网络游戏有哪些注意事项?

（1）远离不健康的、危险刺激的游戏。

（2）合理安排玩游戏的时间。

（3）与陌生网友见面要先与家长沟通。

（4）注意休息，调整好真实生活与虚拟世界的关系，不能沉浸其中，玩游戏的时间不能过长，保护视力，20分钟就要休息一次。

（5）对网络游戏中可能存在的黑客和骗子保持警惕。

游戏诈骗要当心

136. 如何安全上网?

（1）上正规的网站查询资料。

（2）合理规范上网时间。

（3）不要向陌生人透露个人信息。

（4）使用安全性强的密码。

（5）在安装程序或同意条款时要留个心眼。

（6）不点击广告，警惕网络诈骗。

★ **137. 如何设置密码?**

（1）为自己的用户名设置 8 位以上足够长的密码，最好使用大小写混合和特殊符号，不要因为贪图好记而使用纯数字密码。

（2）不要使用与自己相关的资料作为个人密码，如自己或家人的生日、电话号码、身份证号码、门牌号、姓名简写。

（3）最好不用单词作密码，如果要用，可在后面加 s 或符号，这样可以减少被猜出的机会。

（4）不要将所有的密码都设置为相同的，可以为每一种加上前缀。

（5）不要为了防止忘记而将密码记下来。

（6）经常更换密码，特别是遇到可疑情况的时候。

138. 上网冲浪有哪些安全行为?

（1）尽量不要随意下载程序。

（2）不要运行不熟悉的可执行文件，尤其是一些看似有趣的小游戏。

（3）不要随便将陌生人加入 QQ 或微信等好友列表，不要随便接受他们的聊天请求。

（4）不要随便打开陌生人的邮件附件。

（5）不要逛一些可疑或另类的站点。

139. 如何防范病毒?

（1）安装正版杀毒软件。

（2）定期升级杀毒软件并对系统进行病毒扫描。

（3）不随意下载游戏软件。

（4）不上不明网站。

（5）不随便点击陌生人的邮件附件。

140. 网上交友有哪些自我保护招数?

（1）不要随便加陌生人为好友。

（2）保护好个人隐私，不将自己的详细信息全盘托出，如真实姓名、所在学校、班级、家庭住址、家庭情况等。

（3）不要轻易相信别人或网上的信息。

（4）不单独和不熟识了解的网友见面。

（5）提防网络诈骗。

141. 什么是网络间谍陷阱？

网络间谍陷阱，指境外间谍情报机关及其代理人披着记者、商人、研究人员和军事爱好者等外衣，利用互联网上各种交友、求职网站及软件，发布虚假的岗位招聘、兼职或交友等信息，对我国境内人员进行拉拢、渗透和情报交易的非法活动。

网络间谍陷阱

142. 如何防范网络间谍陷阱？

（1）要认真甄别求职、招聘网站的要求，凡是要求提供须保密的内容、资料的应予以拒绝。

（2）在 QQ、微信等聊天交友软件中如遇不明身份人员主动搭讪，并以"交友"或金钱引诱要求拍摄军事目标,提供情况或文件、资料的应予以拒绝。

（3）军事、科技爱好者在日常交流中,不得将知悉、获取的涉及我国军事装备、部署、演习和重大科研项目等的内部敏感信息在互联网上或朋友圈扩散、发送,以防造成泄密。

（4）对以学术研究、征集论文、调查咨询机构等名义要求提供内部情况或文件、资料的应予以拒绝。

思　考　题

一、判断题

1. 密码的设置策略是对不同网站设不同密码。(　　)

参考答案：正确

二、单选题

1. 下列上网冲浪行为正确的是(　　)。

A. 随意下载程序

B. 点击打开陌生的但看似有趣的小游戏

C. 随便接受陌生人加 QQ 或微信的好友申请

D. 收发邮件时不随便打开陌生人的邮件附件

E. 怀着猎奇心理上一些可疑或另类的网站

参考答案：D

2. 设置密码需要遵循什么要求?(　　)

A. 不同网站使用不同密码

B. 把论坛、电子邮箱的密码设置成同一个密码

C. 使用自己的生日作为银行账户密码,以便记忆

D. 常用密码设置成容易记忆的字母数字组合

参考答案：A

三、多选题

1. 上网查阅信息需要注意什么?(　　)

A. 每次在计算机屏幕前工作不要超过 1 小时

B. 眼睛不要离屏幕太近,坐姿要端正

C. 屏幕不要设置得太亮或太暗

D. 不要随意在网上购物

E. 不要轻易打开陌生网站

参考答案：ABCDE

2. 中学生小 A 迷恋网络游戏，还经常趁父母不在家上网浏览不健康信息，后来模仿网络游戏中的暴力手段持刀抢劫，被人民法院依法判刑，这警示我们（   ）。

A. 要克服猎奇心理，抵制不良诱惑

B. 要提高道德素质，增强法治观念

C. 要远离网络，避免受其侵害

D. 要杜绝不良行为，预防违法犯罪

参考答案：ABD

第七节　生物事件

143. 什么是生物事件？

生物事件（生物突发事件），指因为微生物及其产物（毒素、遗传物质等）所引发的危害人员和环境的突发事件。其原因可以是自然状况、意外事故，也可能是人为蓄意制造。

★ 144. 生物危害源侵入人体有哪些途径？

生物危害源一般通过消化道、皮肤及呼吸道三条途径侵入人体。

误食（饮）：被生物危害源污染的水源、食物等可经消化道侵入人体。

皮肤接触：生物危害源可直接经皮肤、黏膜、伤口或昆虫叮咬进入人体。

吸入：生物危害源气溶胶通过呼吸道进入人体。

★ 145. 生物事件防护方法有哪些？

生物事件防护方法有物理防护、免疫防护和药物防护。

146. 什么是物理防护？

物理防护是通过适当的防护用品和装备，达到避免吸入、食入和通过皮肤黏膜感染致病微生物。

★ 147. 个人防护装备有哪些？

个人防护装备包括防护面具、口罩、眼罩、手套、防护服及防护靴等用于保护口鼻、皮肤和黏膜的用品用具。

思 考 题

一、判断题

1. 生物事件都是自然状况、意外事故造成的，不可能是人为蓄意制造的。(　　)

参考答案：错误

二、单选题

1. 生物危害源可以通过下列途径侵入人体。(　　)

A. 误食(饮)被生物危害源污染的水源、食物

B. 昆虫叮咬

C. 吸入生物危害源气溶胶

D. 以上均是

参考答案：D

2. 下列不属于生物事件防护方法的是(　　)。

A. 物理防护

B. 免疫防护

C. 药物防护

D. 化学防护

参考答案：D

三、多选题

1. 生物危害源侵入人体的途径有(　　)。

A. 消化道

B. 皮肤

C. 呼吸道

D. 神经系统

参考答案: ABC

2. 属于个人防护装备的有 (　　　　)。

A. 防护面具

B. 口罩

C. 眼罩

D. 手套

E. 防护服及防护靴

参考答案: ABCDE

第四章

社会安全事件应急安全常识

第一节 社会安全

148. 什么是社会安全？

社会安全包括社会治安、社会舆情、公共卫生等方面，是社会和谐稳定的基础。

如今我们面临重大疫情、群体性事件、暴力恐怖活动、新型违法犯罪等威胁。

维护社会安全必须健全法制，完善体制机制，提升应对重大新发突发传染病等社会公共安全事件的能力。

★ 149. 如何防范被诱拐？

（1）不和陌生人说话。

（2）碰到自称是亲友或父母的同事、好友的陌生人，不予理睬。

（3）陌生人问路时，可以指路但不带路。

（4）不接受陌生人的零食、宠物和玩具等。

（5）不到陌生场所。

（6）不走偏僻或光线昏暗的小路。

不接受陌生人的零食和玩具等

★ 150. 应对恐怖袭击的要诀是什么？

应对恐怖袭击的要诀是：跑、藏。跑就是迅速跑到安全区域，藏就是躲藏在有牢固掩体的安全区域，同时拨打报警求助电话，等待救援人员到来。

如果没有成功逃跑或躲藏，要合理利用身边物品（如书包、椅子等）自卫；如果没有东西可用于防御，面对袭击者的砍杀，可仰面躺在地上，双腿弯曲打滚，不停交替蹬踹，以延迟时间，等待他人救援。

★ 151. 面对违法犯罪如何应对？

在保全自己、减少伤害的前提下，巧妙借助他人或社会的力量，采用机智灵活的方式，同违法犯罪作斗争。具体如下：

（1）及时拨打 110 报警电话或争取其他成人的帮助；

（2）虚张声势，与违法犯罪分子巧妙周旋；

（3）记住违法犯罪分子的体貌特征；

（4）了解违法犯罪分子的去向；

（5）保护好作案现场。

152. 遭遇诱拐如何应对？

（1）孤立无援时不要过度反抗。

（2）发现警察或路人出现，迅速挣脱求助。

153. 遇到燃烧爆炸有哪些自救方法？

遇到现场发生爆炸，自救的方法有离开自救、卧倒自救、滚动自救和止血自救等方式。

离开自救：选择时机迅速离开爆炸现场，离开时应选择在不容易倒塌的防护屏障的安全防护面行走。

卧倒自救：迅速背对爆炸冲击波传来的方向卧倒，如在室内可就近躲在结实的桌椅下；爆炸瞬间屏住呼吸并张口；一只手枕在额前，另一只手盖住后脑，眼睛注意后方。

滚动自救：如身上着火了，应迅速保护好脸部并趴下，滚离高温及火焰席卷区域。

止血自救：如有出血，特别是喷射状的动脉出血，应迅速进行止血；一般应迅速用手指按压或用弹性好的橡皮带子（止血带）捆压住出血口上方（近心端）进行止血。

154. 遭遇匪徒枪击扫射如何应对？

（1）来不及撤离就迅速趴下、蹲下或隐蔽于掩蔽物后，快速降低身体姿势，利用墙体、立柱、桌椅等掩蔽物迅速向安全出口撤离。

（2）迅速报警，等待救援。

155. 遭遇有毒气体或生物恐怖袭击如何应对？

（1）尽快寻找安全出口，迅速有序地撤离污染源或污染区域，尽量逆风撤离。

（2）尽可能利用环境设施和随身携带的手帕、毛巾、衣物等遮掩口鼻，避免或减少毒气侵害。

（3）尽可能戴上手套，穿上雨衣、雨鞋等，或用床单、衣物遮住裸露的皮肤。

（4）及时报警，请求救助，并进行必要的自救互助，采取催吐、洗胃等方法，加快毒物排出。

思 考 题

一、判断题

1. 在自家小区玩时碰到陌生人请求帮忙找宠物，可跟他一起去寻找。（   ）

参考答案：错误

二、单选题

1. 一个人去上学，半路上有叔叔喊你名字，说"你爸爸让我送你上学，快上车"，怎么办？（   ）

A. 不予理睬

B. 上车

参考答案：A

2. 一个人坐出租车出门，发现情况不对，司机绕路了或只走偏僻的路，错误的做法是（   ）。

A. 询问司机是不是走错路了，再次强调你要去的地点

B. 发现情况不对，找借口请他靠路边停车，然后下车

C. 悄悄把车窗摇下，等到路口红灯停车时，向窗外行人和车辆大喊"救命"

D. 一个人坐出租车时最好坐在后排，发生意外时不容易被司机控制

E. 和司机大吵，阻止司机继续开车

参考答案：E

三、多选题

1. 身处有毒有害气体泄漏的化学事故现场，应采取的保护措施是（   ）。

A. 用湿毛巾等保护呼吸道

B. 用雨衣、手套、雨靴等保护皮肤

C. 用防毒眼镜、开口透明塑料袋保护眼睛

D. 到事故现场围观

参考答案：ABC

2. 一个人走在一条小路上，发现身后总有人跟着你，怎么办？（ ）

A. 保持冷静，尽快回家

B. 往大路人多的地方走

C. 跑到小巷子或原地呼救

D. 被追至小巷子或死胡同里，赶紧按别人家门铃或大声叫"救命"

参考答案：ABD

第二节　垃圾分类

★ **156. 目前我国生活垃圾分成哪几类？**

目前我国生活垃圾一般可分为可回收垃圾、厨余垃圾（湿垃圾）、有害垃圾和其他垃圾（干垃圾）四大类。

★ **157. 什么是厨余垃圾（湿垃圾）？**

狭义的厨余垃圾是有机垃圾的一种，分为熟厨余垃圾，包括剩菜、剩饭、菜叶；生厨余垃圾，包括果皮、蛋壳、茶渣、骨、贝壳。

广义的厨余垃圾泛指家庭生活饮食中所需的来源生料及成品（熟食）或残留物。

★ **158. 什么是其他垃圾（干垃圾）？**

其他垃圾又叫干垃圾，指除可回收垃圾、有害垃圾、湿垃圾以外的其他生活废弃物，包括废弃的纸张、塑料、玻璃、金属、织物等，还包括报废车辆、家电家具、装修废弃物等大型的垃圾。

159. 什么是可回收垃圾？

可回收垃圾（再生资源），指回收后经过再加工可以成为生产原料或经过整理可以再利用的物品，主要包括废纸类、塑料类、玻璃类、金属类、电子废弃物类、织物类等。

160. 什么是有害垃圾？

有害垃圾，指存有对人体健康有害的重金属、有毒的物质或对环境造成现实危害或潜在危害的废弃物。

161. 日常生活中常见的有害垃圾主要有哪些？

电池类：纽扣电池、充电电池（如手机电池）、铅酸电池、蓄电池、含汞电池等，不含普通干电池（如 1 号、5 号、7 号电池，因其生产已达到国家低汞或无汞技术要求，现作为干垃圾投放）。

含汞类：废荧光灯管、废节能灯、废水银温度计、废水银血压计、废油漆桶、溶剂及其包装物等。

废药品及其包装类：过期药品、药片、药品包装等。

日用化妆品：染发剂壳、洗甲水、过期指甲油、消毒剂及其包装物等。

其他：老鼠药、废杀虫剂、废胶片、废相纸、废硒鼓等。

★ 162. 如何投放有害垃圾？

（1）分类投放在有害垃圾桶里，应注意轻放。

（2）废灯管等易破损的有害垃圾应连带包装包裹投放。

（3）各类废弃药品、药具应尽量保持原包装，包装不完整的零星散装药品应用纸张包裹。

（4）废杀虫剂、清洁剂、空气清新剂等压力罐装容器，应确保在安全的情况下彻底排空内容物后再投放。

（5）废油漆、废弃化妆品等应做好密封后再投放。

（6）在公共场所产生有害垃圾且未发现对应收集容器时，应携带至有害垃圾投放点妥善投放。

163. 大棒骨是不是湿垃圾？

大棒骨因难腐蚀被列入干垃圾，类似的还有玉米棒、坚果壳、果核等。

164. 厕纸是可回收垃圾吗？

厕纸、卫生纸遇水即溶，不算可回收的纸张，类似的还有陶器、烟盒等。

165. 装湿垃圾的袋子如何扔？

常用的塑料袋，即使是可以降解的，也远比厨余垃圾更难腐蚀。此外，塑料袋本身是可回收垃圾。正确做法是将厨余垃圾倒入湿垃圾桶,塑料袋扔进干垃圾桶。

166. 塑料制品都属于干垃圾吗?

除塑料袋外的塑料制品,比如泡沫塑料、塑料瓶、硬塑料、橡胶及橡胶制品,都属于可回收物。

167. 热水瓶胆属于有害垃圾吗?

热水瓶胆本身是玻璃的,水银层很薄,可归为可回收垃圾。另外,像修正液之类毒性不强的,可归为其他垃圾。

一般把有危害性、传染性、易燃易爆的归为有害垃圾。比如头发上擦的摩丝,里面有压力容器,易燃易爆;再如用剩的香水,里面的酒精成分多,易挥发,这一类可作为有害垃圾处理。

思　考　题

一、判断题

1. 大棒骨属于厨余垃圾（湿垃圾）。（　　　　）

参考答案：错误

二、单选题

1. 不属于湿垃圾的是（　　　　）。

A. 剩饭

B. 苹果皮

C. 吃剩的玉米棒

D. 鸡蛋壳

参考答案：C

2. 在下列物品中，对环境造成危害最大的是（　　　　）。

A. 废纸

B. 废玻璃

C. 废蓄电池

D. 碎木

参考答案：C

三、多选题

1. 下列属于干垃圾的是（　　　　）。

A. 废弃的 A4 纸

B. 普通 1 号干电池

C. 学生用修正液

D. 大棒骨

参考答案：BCD

2. 下列说法正确的是（　　　）。

A. 易破损的有害垃圾应连带包装包裹投放

B. 轻放有害垃圾

C. 包装不完整的零星散装药品应用纸张包裹

D. 空气清新剂等压力罐装容器，应确保在安全的情况下彻底排空内容物后再投放

参考答案：ABCD

第三节　资源安全

168. 什么是资源安全？

资源安全是一个国家或地区可以持续、稳定、及时、足量和经济地获取所需自然资源的状态。资源安全包括可再生资源安全、不可再生资源安全等，是国家战略命脉和国家发展依托。

如今我们面临供需矛盾大、对外依存度高、开发利用水平低等问题。

维护资源安全必须坚持推进绿色发展，利用好两个市场（国内市场和国外市场）和两种资源（国内资源和国外资源）。

169. 什么是能源？

能源指煤炭、石油、天然气、生物质能和电力、热力以及其他直接或通过加工、转换而取得有用能的各种资源。

170. 什么是一次能源？

一次能源指从自然界取得的未经任何改变或转换的能源，如流过水坝的水和采出的原煤、原油、天然气等，分为可再生资源和不可再生资源。

171. 什么是二次能源？

二次能源指一次能源经过加工或转换得到的能源，如电力和各种石油制品、焦炭、煤气、热能等。

172. 什么是可再生资源？

可再生资源指通过天然作用再生更新，从而为人类反复利用的资源，又称可更新资源，如植物、微生物、可降解塑料袋、地热资源和各种自然生物群落、森林、草原、水生生物等。

173. 什么是不可再生资源？

不可再生资源指人类开发利用后，在相当长的时间内，不可能再生的自然资源，主要指自然界的各种矿物、岩石和化石燃料，如泥炭、煤、石油、天然气、金属矿产、非金属矿产等。

174. 常规能源主要有哪些？

常规能源指技术上比较成熟，已被人类广泛利用，在生产和生活中起着重要作用的能源，如煤炭、石油、天然气、水能等。

175. 什么是沼气？

沼气是有机物质在厌氧条件下，经过微生物的发酵作用而生成的一种混合气体。沼气，顾名思义就是沼泽里的气体。

在沼泽地、污水沟或粪池里有气泡冒出来，如果划着火柴，可把它点燃，这就是自然界天然发生的沼气。

人畜粪便、秸秆、污水等各种有机物在密闭的沼气池内，在厌氧（没有氧气）条件下发酵，被种类繁多的沼气发酵微生物分解转化，从而产生沼气。

沼气属于二次能源，并且是可再生能源。

沼气是多种气体的混合物，其特性与天然气相似。

176. 沼气有什么用途？

沼气除了可直接燃烧用于炊事、烘干农副产品、供暖、照明和气焊等外，还可用作内燃机的燃料以及生产甲醇、福尔马林、四氯化碳等化工原料。

经沼气装置发酵后排出的料液和沉渣含有较丰富的营养物质，可用作肥料和饲料。

★ 177．节约用水的方法有哪些？

刷牙：用口杯接水，用剩下的水来拖地。

洗衣：衣物集中洗涤，减少洗衣次数；小件、少量衣物提倡手洗；使用无磷洗涤剂，适量投放。

洗浴：间断放水淋浴，搓洗时及时关水，避免过长时间冲淋；盆浴后的水可用于洗衣、洗车、冲洗厕所、拖地等。

餐具清洗：先用纸擦除炊具、食具上的油污，再洗涤；控制水龙头流量，改不间断冲洗为间断冲洗。

马桶水箱：使用节水型马桶，并用洗衣拖地用过的水冲马桶。

思 考 题

一、判断题

1. 一次能源可分为可再生资源和不可再生资源。(   )

参考答案: 正确

二、单选题

1. 属于一次能源的有(   )。

A. 电力

B. 煤气

C. 天然气

D. 各种石油制品

参考答案: C

2. 下列关于沼气的说法错误的是(   )。

A. 沼气属于二次能源,并且是不可再生资源

B. 沼气是多种气体的混合物,其特性与天然气相似

C. 沼气可用作内燃机的燃料以及生产甲醇、福尔马林、四氯化碳等化工原料

D. 沼气是有机物质在厌氧条件下,经过微生物的发酵作用而生成的一种混合气体

参考答案: A

三、多选题

1. 下列属于可再生资源利用的是(   )。

A. 开发矿产资源

B. 风能和光伏发电

C. 普及新能源汽车

D. 开发利用潮汐能

参考答案：BCD

2. 下列关于电能的说法错误的是(   )。

A. 二次能源

B. 一次能源

C. 不可再生资源

D. 可再生资源

参考答案：BCD

第四节 核安全

178. 什么是核安全？

核安全包括核材料、核设施、核技术、核扩散安全等方面，事关人类前途命运。

如今我们面临核事故风险、涉核恐怖活动、核扩散威胁和核对抗挑战等。

维护核安全必须强化政治投入、国家责任、国际合作、核安全文化建设，全面提升核技术能力。

179. 什么是核辐射？

核辐射，或通常称为放射性，存在于所有物质之中，这是亿万年来存在的客观事实，是正常现象。但如果所受辐射量达到一定强度，会对人体健康造成伤害。

180. 核辐射的危害有哪些？

放射性物质可通过呼吸吸入、皮肤伤口及消化道吸收进入体内，引起内照射，或穿透一定距离被机体吸收，使人员受到外照射伤害。

内外照射形成放射病的症状有疲劳、头昏、失眠、皮肤发红、溃疡、出血、脱发、白血病、呕吐、腹泻等，有时还会增加癌症、畸变、遗传性病变发生率，影响几代人的健康。

★ 181. 日常生活中如何提高抗辐射的免疫力？

（1）能量供给要充足。谷物中的碳水化合物是身体所需能量的主要来源，糖类供给以果糖最佳，葡萄糖次之，而后是蔗糖等。

（2）蛋白质不能少。接触核辐射的人，要注意摄入充足的优质蛋白质，如多吃胡萝卜、番茄、海带、瘦肉、动物肝脏等富含维生素 A、C 和蛋白质的食物，增强机体抵抗核辐射的能力。

（3）脂类摄入不宜高。由于人在受辐射照射后食欲不振，口味不佳，因此脂肪的总供给量要适当减少，但须增加植物油所占的比重，其中油酸可促进造血系统再生功能，防治辐射损伤效果较好。

（4）多补充维生素。必需脂肪酸，维生素 A、K、E 和 B 族维生素缺乏，会降低身体对辐射的耐受性，宜加量供应。

（5）矿物质须平衡。体内钾、钠、钙、镁等离子浓度须平衡，微量元素与其他营养之间的关系也很重要，锌对许多营养包括蛋白质与维生素的消化、吸收和代谢都有重要影响。辐射损伤时，矿物质（包括微量元素在内）过量或不平衡，均会产生不良影响。

（6）无机盐供应宜加量。在膳食中适量增加无机盐（主要是食盐），可促使人饮水量增加，加速放射性核素随尿液、粪便排出，从而减轻内照射损伤。

（7）可适当食用些辛辣食物。辛辣食物属于常用调料，同时也是抵御辐射的天然食品。常吃辛辣食物不但可以调动全身免疫系统，还能保护细胞的 DNA，使之不受辐射破坏。

★ 182. 如何应对核泄漏？

避免淋雨；尽量减少裸露部位，脖子（甲状腺）部位尤其重要；穿长衣（白色为好）和靴子，戴帽子、头巾、眼镜、手套等。

若估计自己已暴露于核辐射中，一定要更换衣服和鞋子；将暴露过的衣物放在塑料袋中；密封塑料袋，放到偏僻处；彻底洗一次澡，洗澡时应先冲再洗。

如果要求撤离，注意保持窗户和通风口关闭，使用再循环空气；如果留在室内，关闭空调、换气扇、锅炉和其他进风口；在车上保持车窗和通风口封闭，使用车内循环空气。

如果可能，进入地下室或其他地下区域；如非绝对必要，不要使用电话；注意随身携带一个用电池的收音机收听具体指令。

将食品放在密闭容器内或冰箱里，事先没有封闭的食物应当先清洗再放入容器，不要饮用海水淡化水。

尽可能缩短被照射时间；尽可能远离放射源；注意屏蔽，利用铅板、钢板或墙壁挡住或降低照射强度。

进入空气被放射性物质严重污染的地区时，要对五官严防死守，如用手帕、毛巾、布料等捂住口鼻，减少放射性物质的吸入。

思 考 题

一、判断题

1. 如遇辐射污染，在家中未能及时撤离的，最好的方法是紧闭家里的门窗、勤洗手洗澡。（　　）

参考答案：正确

二、单选题

1. 放射性物质侵入人体的方式有（　　）。

A. 呼吸吸入

B. 皮肤伤口

C. 通过消化道

D. 以上均是

参考答案：D

2. 下列说法错误的是（　　）。

A. 所有物质都有放射性，所以我们时刻处于危险中

B. 核辐射有内照射和外照射伤害

C. 不能随便吃碘药抵抗核辐射

参考答案：A

三、多选题

1. 日常生活中可通过下列方式提高机体免疫力。（　　）

A. 能量供给要充足

B. 蛋白质不能少

C. 脂类摄入不宜高

D. 多补充维生素

E. 矿物质须平衡

F. 无机盐供应宜加量

G. 可适当食用些辛辣食物

参考答案：ABCDEFG

2. 应对核泄漏的方法有（   ）。

A. 用手帕、毛巾、布料等捂住口鼻，保护五官

B. 出污染区后应彻底洗一次澡，将暴露过的衣物放在塑料袋中

C. 关闭窗户

D. 封好食品

参考答案：ABCD

第五节　防空安全

183. 什么是空袭?

空袭是指使用航空器、导弹等兵器从空中对地面(下)、水面(下)目标进行的袭击。

一般可分为常规空袭与非常规空袭。使用核武器、化学武器、生物武器等大规模杀伤、破坏性武器的空袭为非常规空袭,其余为常规空袭。

184. 什么是防空警报?

防空警报是由国家统一规定的,使广大人民群众事先有所准备并统一采取防范行动而发放的警报信号,通常由城市人民防空领导机关根据敌人可能空袭的情报适时施放。

防空警报是城市防空工程的重要组成部分,平时用于抗灾救灾和突发事故情况下的灾情预报和紧急报知,战时用于人民防空,是各级人民政府实施人民防空指挥、组织人员疏散的基本手段,是在城市受到空袭威胁时发出鸣响提醒人们防空的警报。

防空警报分为预先警报、空袭警报和解除警报三种。

防空警报

★ **185. 听到预先警报怎么做？**

预先警报鸣 36 秒，停 34 秒，重复 3 遍，时间为 3 分钟。

听到预先警报后，应立即拉断电闸，关闭燃气，熄灭炉火，带好个人防护器材和生活必需品，进入人防工程或指定隐蔽区域。

★ **186. 听到空袭警报怎么做？**

空袭警报鸣 6 秒，停 6 秒，重复 15 遍，时间为 3 分钟。

听到空袭警报后，应就近进入人防工程隐蔽。情况紧急无法进入人防工程时，要利用地形地物就近隐蔽。

听到空袭警报应对方法

★ **187. 听到空袭警报时，如何利用地形地物隐蔽并做好个人防护？**

（1）进入最近的防护工程、地铁、地下人行道或隧洞隐蔽。

（2）若在空旷地，可就近疏散到低洼地、路沟里、土堆旁、大树下，或矮墙、花坛等各种有阴影的遮蔽物旁，迅速卧倒隐蔽，保护头部。

（3）躲进 5 层以上的钢筋混凝土楼房的底层、走廊或底层楼梯下隐蔽。

（4）可在墙根、墙角、桌下或床下卧倒，保护头部，同时要避开玻璃窗、吊挂物品和易燃易爆物。

188. 听到解除警报怎么做？

解除警报长鸣 3 分钟。

听到解除警报后，应尽快恢复正常的学习生活秩序。

C. 生物武器空袭

D. 榴弹投放

参考答案：ABC

2. 听到空袭警报，应（　　）。

A. 进入最近的防护工程、地铁、地下人行道或隧洞隐蔽

B. 如果在空旷地，就近疏散到低洼地、路沟里、土堆旁、大树下，或矮墙、花坛等各种有阴影的遮蔽物旁，迅速卧倒隐蔽，保护头部

C. 躲进5层以上的钢筋混凝土楼房的底层、走廊或底层楼梯下隐蔽

D. 在墙根、墙角、桌下或床下卧倒，保护头部，同时要避开玻璃窗、吊挂物品和易燃易爆物

参考答案：ABCD

第六节　吸毒防范与应对

189. 什么是毒品?

毒品广义上泛指可对人体造成伤害的化学物质、毒物、毒剂(特别是一些剧毒药物,如 KCN),在日常生活口语中可特指被人类当作嗜好品所滥用的功能性药物,多为精神药品或麻醉药品。因滥用这类药品危害身心健康,所以中文称之为毒品。

通常使用毒品的人只是出于身体或心理上的娱乐目的,而非用于生理或心理治疗,因此西方称之为娱乐性药物。

各国对使用毒品均制定了相关法律进行严格管制,防止其影响社会大众。若非作为医疗用途,持有或贩卖毒品等行为有可能会被判以重刑。

190. 常见毒品有哪些?

(1)海洛因,一系列吗啡类毒品总称,是以吗啡生物碱作为合成起点得到的半合成毒品,俗称几号、白粉、白面、红鸡、白戈珠。

海洛因对人的身心健康危害极大,长期吸食、注射海洛因会导致人格解体、心理变态和寿命缩减,对神经系统的伤害最为明显。

海洛因极易成瘾,且难戒断。

(2)冰毒,新型毒品的一种,是一种无味或微有苦味的透明结晶体,纯品很像冰糖,形似冰,故俗称冰毒。吸、贩毒者也称之为"冰"。

冰毒属于效力强大的兴奋剂。吸毒者使用后会出现急性中毒,表现出精神错乱、偏执型幻觉或惊恐状态,有的会产生杀人或自杀倾向。

(3)摇头丸,新型人工合成毒品的一种,俗称亚当、的士高饼干。

吸毒者食用摇头丸后,大脑皮层受到了药物的控制,在没有音乐的时候,头会轻微地晃动,有一种疲惫欲睡的感觉。但当受到音乐的刺激时,服用者就会随着音乐的节拍不由自主地手舞足蹈,疯狂地摇头,音乐节奏越强烈,头晃动得越厉害,人感觉越舒服,甚至有摇断了脖子的记录,故称"摇头丸",具有强烈的成瘾性。

191. 毒品危害人体的机理是什么？

我国流行最广、危害最大的毒品是海洛因，海洛因属于阿片灯药物。在正常人的脑内和体内一些器官，存在着内源性阿片肽和阿片受体。在正常情况下，内源性阿片肽作用于阿片受体，调节着人的情绪和行为。人在吸食海洛因后，抑制了内源性阿片肽的生成，逐渐形成在海洛因作用下的平衡状态，一旦停用就会出现不安、焦虑、忽冷忽热、起鸡皮疙瘩、流泪、流涕、出汗、恶心、呕吐、腹痛、腹泻等。这种戒断反应的痛苦，反过来又促使吸毒者为避免这种痛苦而千方百计地维持吸毒状态。

冰毒和摇头丸在药理作用上属中枢兴奋药，会毁坏人的神经中枢。

★ 192. 如何防止吸毒？

（1）不盲目追求享受，寻求刺激。

（2）不听信毒品能治病、解脱烦恼痛苦、带来快乐等各种花言巧语。

（3）不去涉毒场所，不结交有吸毒、贩毒行为的人。

（4）不好奇食用不明食物或陌生人给的食物。

（5）克服好奇心和逆反心理，不抱侥幸心理去尝试吸毒。

★ 193. 发现同学、朋友吸毒、贩毒怎么办？

发现同学、朋友吸毒、贩毒，一是劝阻，二是远离，三是报告公安机关。

思 考 题

一、判断题

1. 吸毒一两次不要紧,千万不能多吸。(　　)

参考答案:错误

二、单选题

1. 你的好朋友给你一种样子像糖果的东西,说特别好吃,让你尝尝,你的选择应该是(　　)。

A. 直接吞下

B. 不想吃,但碍于朋友之间的面子勉强吃了

C. 婉拒或收下但是不吃。

参考答案:C

2. 构筑拒毒心理防线,需要做到(　　)。

A. 正确把握好奇心,抵制不良诱惑

B. 养成良好的生活习惯

C. 不盲目赶时髦

D. 以上均是

参考答案:D

三、多选题

1. 对毒品的错误理解是(　　)。

A. 毒品不一定是有害的,没必要太害怕

B. 有些毒品具有一定的药用价值,但也不能夸大其效果

C. 毒品绝不可能用于治病

D. 肥胖的人能用毒品治病

参考答案：ACD

2. 下列哪些属于吸毒成瘾人员会出现的迹象？（   ）

A. 藏有毒品及吸毒工具

B. 面色灰暗，眼睛无神，食欲不振，身体消瘦

C. 在家中或单位偷窃钱财物品，或突然频频地向别人借钱

D. 酗酒

参考答案：ABC

附　录

上海市各区中小学心理健康辅导中心一览表

序号	全称	地址	热线电话
1	黄浦区未成年人心理健康辅导中心	斜土路 885 号综合楼 7 楼	63036588（24 小时）
2	徐汇区未成年人心理健康辅导中心	漕东支路 95 号 5 楼	64642525（24 小时）
3	静安区中小学生心理健康教育发展中心	余姚路 139 号综合楼 4 楼	52392751（24 小时）
4	普陀区中小学心理健康教育中心	岚皋路 75 号 A100 室	4009209087（24 小时）
5	长宁区未成年人心理健康辅导中心	华山路 1682 号	4008216787（24 小时）
6	虹口区中小学心理健康教育研究中心	水电路 839 号辅楼 1 楼	65160361（24 小时）
7	杨浦区未成年人心理健康辅导中心	抚顺路 340 号致和楼 4 楼	4008209856（24 小时）
8	浦东新区青少年心理健康教育发展中心	浦三路 385 号 1 楼	4008206235（24 小时）

（续表）

序号	全称	地址	热线电话
9	闵行区中小学心理健康教育发展中心	紫龙路 835 号	54333867（24 小时）
10	嘉定区未成年人心理健康辅导中心	嘉行公路 601 号 B212 室	4008205081（24 小时）
11	宝山区学校心理健康教育发展中心	宝林路 29 号	4008200535（24 小时）
12	奉贤区中小学心理健康教育指导中心	南桥镇菜场路 1132 号	4009208761（24 小时）
13	金山区未成年人心理健康辅导中心	石化新城路 307 号 2 楼	4001001890（24 小时）
14	松江区学生心理健康教育中心	仓汇路 336 号	67725123（9：00—17：00）4009200525（17：00—9：00）
15	青浦区学生心理发展辅导中心	青湖路 459 号	4001600525（24 小时）
16	崇明区未成年人心理健康辅导中心	城桥镇北门路 58 号	59620120 周一到周五 8：00—11：00 13：00—17：00 周末 8：30—11：30 13：00—16：00

后　记

　　《中小学生安全教育科普百问》是"应急安全通识"科普系列丛书之二。在上海市教委青少年保护工作处、上海市应急管理局宣传教育和信息中心、应急管理部上海消防研究所的指导下，在上海市静安区教育局、上海市国家安全局静安分局、上海市黄浦区人民武装部、上海应急消防工程设备行业协会、上海万一安全科技有限公司的支持下，特邀请焦小锋、乐嘉昆、陈力、朱江、程迎红、王荷兰、秦文岸、叶静君、金琪、林灵、马育顺、吴疆、吴佩英等有关专家共同参与编写，在此一并表示感谢。2022 年还将出版《大学生国家安全教育科普读物》《建筑施工安全教育科普读物》《危险化学品安全常识科普读物》等书。

　　我作为一名社会公民，虽没有大富大贵，但"人之初，性本善"的初心促使我竭尽所能，希望为社会安全做点有益的事。公共安全教育是全面提高师生的风险防范意识和防灾避险能力、落实立德树人的任务和基础。随着社会环境日趋多元复杂，学校安全教育面临新要求。我们在国家教育部、上海市教育委员会出台《关于加强中小学幼儿园公共安全教育的指导意见》，公共安全教育要列入中小学教材的背景下编写该书，目的是希望为中小学生安全教育补充一点科普知识，愿该系列丛书能唤起全民安全意识的觉醒，以此为安全文化科普教育的起点，点燃星星之火。由于本人专业水平有限，书中如有不足之处，敬请读者批评指正。

2021 年 11 月